HISTOIRE

DE LA

CAMPAGNE DE 1800.

IMPRIMERIE DE COSSE ET J. DUMAINE, RUE CHRISTINE, 2.

HISTOIRE
DE LA
CAMPAGNE DE 1800

ÉCRITE D'APRÈS DES DOCUMENTS NOUVEAUX ET INÉDITS;

Par

M. le Duc DE VALMY,

FILS DU GÉNÉRAL KELLERMANN.

Procella equestris.
TITE-LIVE.

PARIS,
LIBRAIRIE MILITAIRE,
J. DUMAINE, LIBRAIRE-ÉDITEUR DE S. M. L'EMPEREUR,
RUE ET PASSAGE DAUPHINE, 30.

1854

ERRATA.

Page 49, ligne 6, *au lieu de :* était réduit à trouver ; *lisez :* sut trouver.

— 71, — 23, *au lieu de :* 800 ; *lisez :* 8,000.

— 86, — 14 et 21, *au lieu de :* Welschengen ; *lisez :* Welsch-Engen.

— 116, — 12, *au lieu de :* vaincre ou triompher ; *lisez :* mourir ou triompher.

— 122, — 7, *au lieu de :* tête du pont ; *lisez :* tête de pont.

TABLE DES CHAPITRES.

CHAPITRE PREMIER.

Importance de la campagne de 1800. — Ses conséquences au dedans et au dehors. — Pourquoi l'auteur a entrepris un nouveau récit de cette campagne. — Travaux du Ministère de la guerre pour découvrir la vérité. — Documents nouveaux et inédits. . . . 1

CHAPITRE II.

État de la France avant le 18 brumaire. — Détresse de ses armées. — Forces imposantes de la coalition. — La Révolution avait dit son dernier mot. — Une contre-révolution pouvait seule sauver la France. — Le 18 brumaire était attendu. — Il réussit. — Premières mesures de salut public et de conciliation adoptées par le Premier Consul. — La nouvelle Constitution, rédigée par Siéyès, est mise de côté. — La Constitution de l'an VIII est, en grande partie, l'œuvre du général Bonaparte. — A peine investi du consulat, il poursuit la contre-révolution au dedans et il entreprend d'affaiblir les ennemis au dehors. 11

CHAPITRE III.

Campagne diplomatique. — Négociations avec l'Autriche. — Armistice sur le Rhin. — Négociations avec l'Angleterre. — Les explications rendent la guerre nationale. — La Russie se retire de la coalition. — La Prusse reste fidèle à sa neutralité. — La Saxe, le Danemark, la Suède, suivent cet exemple. — L'Espagne maintient son alliance. — Proclamation du 8 mars. — Appel aux armes. 27

CHAPITRE IV.

Premières mesures du général Bonaparte pour réorganiser les armées. — Il pourvoit aux grands commandements militaires. — Il éteint la guerre civile dans l'Ouest. — Levée de 100,000 conscrits. — Réunion de 25,000 chevaux. — Création des soldats du train et des inspecteurs aux revues. — Secours à l'armée du Rhin et à l'armée d'Italie. — Création de l'armée de réserve. — Plan du Premier Consul. — Plan de l'Autriche. 41

CHAPITRE V.

Commencement des hostilités en Ligurie. — Le général Mélas force la ligne des Apennins et sépare les généraux Suchet et Masséna. — Expédition de Masséna sur Savone, pour se relier avec Suchet. — Lutte mémorable mais inutile. — Masséna se renferme dans Gènes. — Le général Mélas se met à la poursuite de Suchet. — Le général Ott continue le siége de Gènes et livre un assaut général, mais il est repoussé avec perte. 63

CHAPITRE VI.

Opérations de l'armée du Rhin. — Passage de ce fleuve. — Batailles d'Engen et de Stockach. — Retraite du maréchal Kray. — Batailles de Mœskirch et de Biberach. — Combat de Memmingen. — Le maréchal Kray se retire dans le camp retranché d'Ulm. — L'armée du Rhin envoie un détachement à l'armée de réserve. 79

CHAPITRE VII.

Fin du siége de Gènes. — Efforts désespérés de Masséna. — Il refuse toute proposition de capituler ; il consent à sortir, le 6 juin, avec armes et bagages. — Défense du Var. — Mélas revient à Turin le 26 mai. — Suchet reprend l'offensive le 28. — Il poursuit le général Elsnitz l'épée dans les reins. — Mélas obligé d'envoyer au secours de son lieutenant. 93

CHAPITRE VIII.

Préparatifs pour le passage des Alpes. — Les circonstances militaires déterminent le choix du Saint-Bernard. — L'armée de réserve est dirigée sur Genève et Lausanne. — Effectif de cette armée. — Situation critique de Masséna. — Succès du général Moreau. — Départ du général Bonaparte pour l'armée. — Passage du Saint-Bernard. — Siége du fort de Bard. — L'armée est réunie à Ivrée le 28. — La route de Turin et celle de Milan lui sont ouvertes. — Le Premier Consul se dirige vers Milan. 113

CHAPITRE IX.

Le Premier Consul passe le Tessin. — Il s'empare de Milan, Pavie et Plaisance, et s'avance par la route de Stradella au-devant des Autrichiens. — Ott, arrivé trop tard pour défendre le passage du Pô, est attaqué et battu à Montebello. — Réflexions sur les désastres de Mélas. 127

CHAPITRE X.

Position respective des armées avant la bataille de Marengo. — Description de la plaine de Marengo. — Préparatifs du général

Mélas. — Il se décide à marcher sur l'armée française pour aller gagner la ligne de Mantoue.—Les circonstances donnent le change au général Bonaparte. — Il s'éloigne du champ de bataille ; un accident heureux l'arrête dans sa marche. **143**

CHAPITRE XI.

Bataille de Marengo. — Les Autrichiens sortent d'Alexandrie à la pointe du jour. — Ils attaquent la position de Marengo vers neuf heures. — Ils sont repoussés à plusieurs reprises et n'emportent la position qu'après une lutte de cinq heures.— Les généraux Victor et Lannes, forcés de battre en retraite, sont secourus par le Premier Consul. La division Monnier et la garde consulaire retardent les succès de l'ennemi. — Les Autrichiens redoublent d'efforts et déterminent enfin la retraite de l'armée française sur toute la ligne. — Le général Mélas retourne à Alexandrie et expédie à Vienne le colonel Radetzki pour annoncer sa victoire. — Le général Zach prend le commandement et repousse les Français jusqu'à San-Giuliano. Il était cinq heures ; la bataille paraissait perdue. — Le général Desaix arrive avec la division Boudet. — Le Premier Consul se décide à engager une nouvelle lutte avec cette dernière réserve. — Desaix est tué au premier choc ; sa division plie, les colonnes autrichiennes se précipitent sur elle ; la cavalerie du général Kellermann saisit le moment de les charger en flanc avec impétuosité. — Succès de cette charge. — Panique de l'armée autrichienne. — Déroute générale. — Les Autrichiens rentrent dans Alexandrie. — L'armée française campe à Marengo. — Pertes des deux armées. **159**

CHAPITRE XII.

Conséquences de la bataille de Marengo.—Convention d'Alexandrie.—Le Premier Consul retourne à Milan et pourvoit à tous les commandements. — Il retourne à Paris. — Dernières réflexions sur la journée de Marengo.—L'Angleterre force l'Autriche à continuer la guerre en Allemagne... . . . . **197**

CHAPITRE XIII.

Suite de la campagne de l'armée du Rhin.— Position d'Ulm.— Prudence du maréchal Kray. — Moreau manœuvre pour l'attirer en rase campagne. — Combat d'Ehrbach. — Nouvelle manœuvre de Moreau sur Augsbourg.—Sortie des Autrichiens.—Explication des manœuvres de Moreau à la nouvelle des succès de l'armée de réserve. — Il change son plan de campagne et se décide à couper aux Autrichiens les communications avec Vienne. **209**

TABLE DES CHAPITRES.

CHAPITRE XIV.

Passage du Danube à Blindheim. — Bataille d'Hochstett.—Retraite précipitée du maréchal Kray. — Mort de Latour-d'Auvergne. —Moreau poursuit l'armée autrichienne jusque sur l'Isar. — Il envoie Lecourbe au-devant du prince de Reuss pour lui enlever les débouchés du Tyrol. — Armistice de Parsdorf. 219

CHAPITRE XV.

Résumé des opérations de la campagne de 1800. — Heureuse coïncidence des mouvements des armées de Ligurie, du Rhin et de réserve.—Influence de la cavalerie sur les journées d'Hochstett et de Marengo. 233

HISTOIRE

DE LA

CAMPAGNE DE 1800.

CHAPITRE PREMIER.

Importance de la campagne de 1800. — Ses conséquences au dedans et au dehors. — Pourquoi l'auteur a entrepris un nouveau récit de cette campagne. — Travaux du Ministère de la guerre pour découvrir la vérité. — Documents nouveaux et inédits.

La campagne de 1800 a été, sans contredit, la plus décisive, la plus féconde en résultats, et la plus promptement terminée entre toutes celles qui ont illustré nos armes depuis la révolution de 1789.

Les armées françaises que les désordres politiques, la pénurie du trésor et l'impuissance du Gouvernement, avaient réduites à la misère et au désespoir, se sont tout à coup relevées pour franchir le Rhin et escalader les Alpes sur les traces des soldats d'Annibal et de François Ier.

Dans l'espace de quelques semaines (du 5 avril au 15 juillet), elles ont refoulé deux grandes armées autrichiennes qui campaient à nos portes, et fait signer à leurs généraux vaincus et découragés l'évacuation de l'Italie et de l'Allemagne.

Cette campagne, si fertile en résultats immédiats, eut aussi l'immense avantage de rendre à nos armes un prestige qui ne les abandonna plus, et assura, pendant longtemps, leur prépondérance sur les meilleures troupes de l'Europe.

Avant la bataille de Marengo, les guerres de la coalition avaient été mêlées de succès et de revers; à dater de 1800 jusqu'en 1812, elles n'ont plus été pour la France, qu'une série non interrompue de triomphes. Si, dans ce long espace de temps, les armées étrangères ont eu à se féliciter de quelque avantage partiel, elles n'ont pas empêché les armées françaises de planter leur drapeau sur toutes les capitales de l'Europe.

Au dedans, les résultats de la campagne de 1800 ne devaient pas être moins considérables. Vainqueur à Marengo, le général Bonaparte a pu achever l'œuvre politique et sociale qu'il avait entreprise; il a donné de la stabilité au pouvoir qui, depuis la chute de la monarchie, n'avait cessé de passer de mains en mains; il a rendu tutélaire l'autorité qui, la veille, s'était montrée tyrannique ou corrompue; il a consolidé la victoire de l'ordre sur le désordre, ramené la régularité dans l'administration, le crédit dans les finances, en un mot consommé et sanctionné les mesures de salut public, émanées d'un coup d'État salutaire. Vaincu à Marengo, le général Bonaparte tombait en même temps que le prestige de sa gloire militaire ; avec lui s'éteignaient les dernières lueurs de prospérité et de paix que son heureux avénement avait fait briller sur la France. Avec lui la cause de l'ordre était vaincue pour longtemps, les factions reprenaient leur fatal empire pour se livrer aux plus sanglantes représailles, la France, mutilée sous les coups d'une dictature féroce, ouvrait ses flancs déchirés à l'invasion des armées étrangères et devenait le partage de ses ennemis les plus implacables.

Une campagne dont la glorieuse issue devait donner des jours si prospères à la France méritait une histoire spéciale. C'est cette tâche que nous allons entreprendre.

Nous n'avons pas assurément la prétention de rivaliser avec les écrivains qui ont déjà raconté les guerres de la Révolution; ce n'est pas à nous qu'il appartient de revenir sur les discussions stratégiques auxquelles se sont livrés des hommes aussi éminents que le général Dumas et le général Jomini.

Nous nous sommes donné une mission plus modeste et qui n'a pas encore été remplie, celle de suivre une route plus accessible à tous, de bannir les détails qui jettent de la confusion dans l'esprit du lecteur, d'esquisser à grands traits les marches et les contre-marches, et de laisser de côté les évolutions compliquées, où l'imprévu joue un rôle aussi grand que la stratégie. En un mot, nous nous sommes borné à raconter les manœuvres décisives qui ont frappé plus vivement les regards, et dont les résultats éclatants ont été appréciés avec toute la certitude désirable.

Une autre mission importante restait à remplir, celle de réunir dans un même cadre les opérations des trois armées qui ont concouru au succès de la campagne, et de mettre en relief le plan que le Premier Consul, dans la jeunesse et la puissance de son génie, avait conçu pour relever la fortune de la France. Il nous avait semblé que jusqu'ici on n'avait pas suffisamment appelé l'attention sur le lien qui unissait l'action de nos armées de Ligurie, du Rhin et de réserve, marchant vers le même but, la victoire de Marengo. On n'a pas rendu justice à Moreau et à Masséna, quand on n'a pas dit l'influence que leurs puissantes diversions ont exercée sur l'issue de la campagne ; on a retranché quelque chose à la gloire du Premier Consul lui-même, quand on n'a pas montré la force qu'il a su emprunter à ses lieutenants, car c'est lui-même qui avait créé et dirigé cette force irrésistible.

Ce qui nous a encore préoccupé, c'est de donner à nos récits un caractère de vérité incontestable. A Dieu ne plaise que nous mettions en doute la sincérité des écrivains qui ont déjà raconté la campagne de 1800 ! mais il faut convenir qu'ils n'ont pas connu exactement les faits et qu'ils ont pu ne pas les connaître à l'époque où ils ont écrit. Il est facile de s'en convaincre, si l'on jette un coup d'œil sur les travaux historiques qui se rapportent à l'immortelle journée de Marengo, qui a couronné cette campagne.

Aucune bataille n'a été l'objet de relations plus nombreuses et plus diverses.

On en trouve jusqu'à trois dans les archives du ministère de la guerre. La première a été écrite sur le champ de bataille, c'est le bulletin du 14 juin, signé par le général Bonaparte, et inséré au *Moniteur* de l'époque.

La seconde a été rédigée dans les bureaux du ministère de la guerre, sur les rapports écrits et les dépositions verbales des officiers, faisant partie de l'armée de réserve, qui ont pu être consultés. Toutefois elle diffère de ces récits et du bulletin du 14 juin.

Cette relation ne devait pas être conservée à l'histoire; ordre avait été donné de la brûler avec tous les documents recueillis au Ministère; mais un exemplaire, sauvé des flammes par le colonel Muriel, chargé de l'administration du Dépôt de la guerre, a été retrouvé en 1818, et a permis au maréchal Gouvion-Saint-Cyr, alors ministre de ce département, de restituer à l'histoire les documents qui lui avaient été ravis.

Enfin, une troisième relation officielle a été écrite en 1806; malheureusement cette relation, seule avouée pendant longtemps, et seule consultée par les historiens, s'éloigne encore plus que la précédente du bulletin du 14 juin et des rapports des témoins oculaires.

Nous n'en citerons qu'une preuve pour montrer jusqu'à quel point les relations supposées les plus authentiques ont pu égarer les écrivains.

Le *Bulletin officiel* du 14 juin avait dit :

« L'ennemi avança sur toute la ligne, et entretint un « feu de mitraille terrible avec plus de cent pièces de « canon. Les chemins étaient couverts de fuyards, de « blessés, de débris ; la bataille paraissait perdue. » (1)

Six ans plus tard, la relation officielle contredisait le bulletin du 14 juin dans ces termes :

« L'ennemi croit l'armée en pleine retraite, lors-« qu'en réalité elle ne fait qu'un mouvement de con-« version.

« Nos échelons faisaient leur retraite en échiquier, « par bataillon, dans le silence le plus profond ; on les « voyait, sous le feu de quatre-vingts pièces de canon, « manœuvrer comme à l'exercice, s'arrêter souvent, et « présenter leurs rangs toujours pleins, parce que les « braves se serraient quand l'un d'eux était frappé. »

Les trop nombreuses infidélités historiques qu'on peut reprocher à cette relation nous ont été révélées pour ainsi dire officiellement, dans une étude impartiale

---

(1) Voyez le Bulletin du 14 juin ; Appendice, n° 1.

et remarquable faite par les ordres du maréchal Gouvion-Saint-Cyr, et insérée dans le tome IV du *Mémorial de la guerre* (1).

On trouve, dans ce travail, une comparaison raisonnée des différentes relations qu'on devait croire officielles et une réfutation de ces relations par les témoignages recueillis de la bouche des officiers appelés, en 1801 et 1802, à déposer devant le ministre de la guerre. On y rencontre surtout des motifs sérieux de contester les trois faits sur lesquels repose toute la stratégie de la relation officielle de 1806, c'est-à-dire : l'occupation permanente du village de Castel-Ceriolo, par la brigade Carra-Saint-Cyr, pendant la retraite de notre gauche ; la retraite, par échelons, de la division Watrin, faisant partie du corps du général Lannes ; enfin, l'ordre donné au général Kellermann d'exécuter la charge de cavalerie qui a ramené la victoire sous nos drapeaux.

Le travail du *Mémorial de la guerre*, auquel nous renvoyons le lecteur désireux de consulter les documents officiels, n'est cependant qu'une étude critique des relations qui ont été publiées. Il restait à faire une histoire appuyée sur cette étude et sur les dépositions que l'heu-

---

(1) Le *Mémorial de la guerre* est un recueil où sont insérés les travaux que le Dépôt de la guerre fait faire dans ses bureaux sur les questions qui intéressent l'art militaire.

reuse témérité du colonel Muriel a conservées à l'histoire.

Ceux qui seraient disposés à trouver cette entreprise trop présomptueuse réconnaîtront du moins que nous sommes arrivés à l'époque la plus favorable pour écrire la campagne de 1800, à celle où l'historien impartial se trouve encore assez près des événements, pour avoir entendu ceux qui en furent les témoins oculaires, et cependant assez loin pour avoir pu recueillir plusieurs moissons de souvenirs et de critiques.

D'une part, nous avons consulté les récits dictés sous l'impression même des événements, entre autres celui du grenadier Petit, qui faisait partie de la garde consulaire à cheval et de l'escorte du général Bonaparte pendant toute cette journée; nous avons lu, également, une relation du citoyen Foudras, écrite sur les mémoires d'un officier attaché à l'état-major de l'armée de réserve. Ces deux relations, imprimées et publiées en 1800 et 1801, méritaient une attention particulière en raison de la couleur contemporaine qui les caractérise. A ce premier écho de la journée du 14 juin, nous avons pu ajouter des témoignages que les écrivains les plus érudits et les plus éloquents n'ont pas connus.

Nous apportons, en effet, à l'histoire le tribut de quelques documents jusqu'à ce jour ignorés ou inédits, entre autres le rapport écrit sur le champ de bataille par le général de division Monnier, commandant la brigade

CHAPITRE PREMIER. 9

Carra-Saint-Cyr, rapport que l'on croyait perdu, et dont la découverte est d'autant plus précieuse, qu'il confirme les dépositions des officiers de cette brigade, et précise l'heure à laquelle le village de Castel-Ceriolo a été occupé et abandonné.

D'un autre côté, nous offrons, pour compléter et contrôler les souvenirs de nos généraux, les témoignages de nos adversaires eux-mêmes, et notamment les souvenirs inédits du général marquis de Faverges, gendre et aide de camp du général Zach.

Attentif aux assertions de ces témoins dignes de foi, et surtout aux rapports qu'ils ont tracés sur le champ de bataille, nous avons écrit, pour ainsi dire sous leur dictée, la relation de la bataille de Marengo, et nous leur avons donné la parole, dans tous les moments décisifs, afin de faire assister le lecteur aux évolutions principales de cette journée, à côté de ceux qui les ont dirigées avec tant de courage et d'éclat. D'ailleurs, nous avons parcouru nous-mêmes la plaine de Marengo, et nous en avons étudié les diverses positions, afin de connaître de nos propres yeux la scène sur laquelle s'était joué le drame à jamais mémorable du 14 juin 1800.

Enfin, qu'on nous permette de le dire, nous avons été encouragé par un sentiment que tout fils de soldat doit avoir au fond du cœur, nous avons voulu payer un hommage à la mémoire d'un père qui n'avait pas été libre de revendiquer lui-même sa juste part de gloire dans la campagne de 1800. Nous espérons que la piété filiale n'aura pas affaibli l'impartialité de l'historien, cependant nous demandons d'avance au lecteur une indulgence qu'il ne refuse jamais à la bonne foi.

CHAPITRE II.

État de la France avant le 18 brumaire. — Détresse de ses armées.— Forces imposantes de la coalition. — La Révolution avait dit son dernier mot. — Une contre-révolution pouvait seule sauver la France. — Le 18 brumaire était attendu. — Il réussit. — Premières mesures de salut public et de conciliation adoptées par le Premier Consul. — La nouvelle Constitution, rédigée par Siéyès, est mise de côté. — La Constitution de l'an VIII est, en grande partie, l'œuvre du général Bonaparte. — A peine investi du consulat, il poursuit la contre-révolution au dedans et il entreprend d'affaiblir les ennemis au dehors.

La république, fondée depuis sept ans sur les ruines sanglantes de la monarchie, avait fait des efforts désespérés pour vaincre les nombreux ennemis que ses déportements avaient soulevés si justement contre son autorité. Elle avait mis en jeu toutes les ressources de la France ; elle avait fait appel à tous les moyens pour exalter ses partisans et terrifier ses adversaires ; la confiscation, l'échafaud et les réquisitions avaient été en permanence.

Enfin, le génie de la révolution était à bout de voies, et la république était plus chancelante au dedans, plus impuissante au dehors, qu'elle ne l'avait été à aucune époque. Les finances étaient complétement ruinées; les biens nationaux vendus à vil prix ne produisaient plus rien; les assignats étaient tombés au dernier degré de non-valeur; les fonctionnaires n'avaient rien reçu depuis dix mois, pas même du papier; le trésor ne donnait plus que des bons d'arrérages aux rentiers et des bons de réquisitions pour payer la consommation des troupes; il recevait ces bons en paiement de l'impôt, de telle sorte que l'impôt lui-même tendait à disparaître; il ne restait plus à l'État qu'une dernière et suprême ressource, celle de l'emprunt forcé progressif, impuissante mesure qui achevait de tarir les sources du revenu public, sans pouvoir donner un seul jour d'équilibre aux finances.

L'état de l'armée était encore plus alarmant : le recrutement était devenu aussi impossible que la solde; la pénurie du trésor avait réduit nos troupes à la misère, et fomenté l'indiscipline et la désertion.

Nous ne ferons pas nous-même le tableau de cette situation déplorable, il nous suffit de donner la parole à M. Thiers, qui n'est pas suspect de dénigrement quand il parle de la révolution, et qui s'exprime lui-même en ces termes : « Nos soldats se trouvaient dans le dénûment le plus absolu. Ils n'étaient ni payés, ni habillés, ni nourris. L'armée qui avait vaincu en Hollande les Anglo-russes, ayant l'avantage d'être entretenue par la république batave, était moins malheureuse que les autres ; mais l'armée du Rhin, qui avait perdu la bataille de Stockach, celle d'Helvétie, qui avait gagné la bataille de Zurich, étaient plongées dans la misère. L'armée du Rhin, placée sur le sol français, y exerçait sans mesure et sans fruit le système des réquisitions ; celle d'Helvétie vivait au moyen des contributions de guerre, frappées sur Bâle, Zurich, Berne, contributions mal perçues, mal employées, et qui, très-insuffisantes pour nourrir nos soldats, révoltaient l'indépendance et l'esprit d'économie du peuple suisse. L'armée d'Italie, depuis les désastres de Novi et de la Trebbia, repliée sur l'Apennin, dans un pays stérile, ravagé par la guerre, était en proie aux maladies et à la disette la plus affreuse. Ces soldats qui avaient soutenu les plus grands revers sans en être ébranlés, et avaient montré, dans la mauvaise fortune, une constance à toute épreuve, couverts de haillons, consumés par la fièvre et par la faim, demandaient l'aumône sur les routes de l'Apennin, réduits à dévorer les fruits peu nourrissants que portent les terres arides de ces contrées. Beaucoup d'entr'eux désertaient, ou allaient grossir les bandes de brigands qui, dans le midi comme dans l'ouest de la France, infestaient les grandes routes. On avait vu des corps entiers quitter leurs postes sans ordres des généraux, et aller en occuper d'autres, où ils espéraient vivre moins misérablement.

« La mer, gardée par les Anglais, ne leur montrait en

tous sens qu'un pavillon ennemi, et ne leur apportait jamais aucune ressource. Il y avait des divisions qui étaient privées de solde depuis dix-huit mois. On levait quelques vivres au moyen des réquisitions ; mais, quant aux fusils, aux canons, aux munitions de guerre, qu'on ne se procure pas avec des réquisitions, nos soldats en manquaient totalement. Les chevaux, déjà insuffisants pour les services de l'artillerie et de la cavalerie, avaient été presque tous détruits par la maladie et par la faim (1). »

On a souvent répété que Carnot avait organisé la victoire et, si cette gloire n'est pas imméritée, il faut convenir qu'elle est grandement obscurcie par les ombres du tableau que nous venons de retracer ici. C'est en demandant à la France son dernier homme et son dernier écu, que le ministre de la Convention avait soutenu les attaques de l'Europe coalisée ; il avait ajourné l'invasion, mais il ne l'avait pas vaincue, et le jour devait arriver où la France épuisée, incapable de conserver cette vigueur purement galvanique, succomberait anéantie. Or, c'est précisément ce qui était arrivé : une administration sans force et sans dignité, un trésor épuisé, une armée sans solde et sans approvisionnements, tel était le bilan de la République à la fin de la désastreuse campagne de 1799.

---

(1) M. Thiers, *Histoire du Consulat*, t. Ier, p. 10 et 11.

CHAPITRE II.

Les deux victoires inattendues de Zurich et du Texel avaient un moment dérobé aux yeux de la France elle-même le degré d'affaiblissement auquel nos forces militaires étaient tombées, mais ces succès isolés et partiels ne pouvaient être considérés que comme les derniers signes de vie d'un corps agonisant.

Les tableaux officiels du Ministère de la guerre présentaient sur le papier 250,000 hommes, mais, en réalité, nous étions loin de pouvoir les mettre en ligne (1).

Le général Mathieu Dumas, qui a fait des recherches minutieuses sur l'effectif de nos armées à cette époque, l'a réduit aux chiffres suivants :

L'armée de Hollande, à	28,000 hommes.
Celle de l'Alsace et du Bas-Rhin, à	40,000
Celle de la Suisse, à	22,000
Celle de la Ligurie, à	35,000
Celle de la Vendée, à	15,000
Ensemble	140,000 hommes.

L'armée de la Vendée était insuffisante pour résister au soulèvement qui se préparait dans les provinces de l'Ouest.

L'armée de Ligurie, celle qui devait défendre la ville

---

(1) Voir Appendice, n° 2.

de Gênes et le comté de Nice, derniers débris de nos conquêtes en Italie, était trop faible pour occuper un territoire aussi étendu. Le général Suchet gardait le col de Tende, Nice et le Var avec 14,000 hommes; le général Soult avec 12,000 hommes avait pris position à l'entrée des défilés de Cadibona et de la Bochetta; enfin, le général Miollis occupait Gênes avec 8,000 hommes. Il ne faut pas oublier que ces troupes, épuisées par la fièvre et la faim, erraient sur la route de Nice à Gênes bien plus qu'elles ne restaient dans les positions qu'elles devaient garder. Le général Thiébault, chef d'état-major de Masséna, a recueilli dans son journal des détails qui prouvent que M. Thiers, dans le triste tableau que nous venons de citer, est resté lui-même au-dessous de la vérité (1).

L'armée du Rhin avait été moins maltraitée que celle d'Italie; mais elle n'était pas en mesure de reprendre l'offensive, et ne devait sa sécurité qu'à l'occupation des têtes de pont de Strasbourg, de Neubrisach et de Bâle.

L'armée suisse et celle de Hollande avaient conquis par leurs dernières victoires des positions meilleures, mais elles n'étaient pas telles que la France pût y trou-

---

(1) Appendice, n° 3.

ver de justes motifs de se croire à l'abri des attaques qui auraient pu venir de ce côté. En face de ces derniers débris de nos glorieuses légions, la coalition avait rassemblé des forces considérables.

Au nord, les croisières anglaises gardaient les embouchures de l'Escaut; 20,000 Prussiens occupaient la rive droite du Rhin depuis la Hollande jusqu'à Coblentz; 40,000 hommes, faisant partie de milices de la confédération germanique, gardaient le pays entre Meuse et Rhin, sous les ordres du baron Albini.

Une armée impériale, dont on venait d'enlever le commandement à l'archiduc Charles, parce qu'il inclinait vers la paix, avait été placée sous les ordres du général Kray, qui avait puissamment contribué aux derniers succès des Autrichiens en Italie. Cette armée, qui comptait environ 140,000 hommes, dont 30,000 dans les places fortes, occupait tout le pays compris dans l'angle que forme le Rhin en courant de l'est à l'ouest de Constance à Bâle, et du midi au nord de Bâle à Strasbourg. La droite du général Kray, sous les ordres des généraux Starray et Giulay, occupait la vallée de la Kinzig en face de Kehl, et le val d'Enfer vis-à-vis de Neufbrisach. Le centre et le quartier général étaient placés à Donaueschingen, au point d'intersection de toutes les communications de la Souabe avec les pays environnants; enfin, la gauche s'étendait de Schaffouse jusqu'aux Grisons, et pour ainsi dire jusqu'aux pieds du St-Gothard.

Une autre armée, sous les ordres du général Mélas, occupait le Piémont et le Milanais; elle pouvait s'y répandre librement, et elle en avait profité pour rendre ses approvisionnements plus faciles et ses quartiers d'hiver plus commodes. Le général Mélas avait d'ailleurs cantonné ses principales forces non loin des défilés des Apennins, afin d'être en mesure de les franchir aussitôt que la saison le permettrait.

Enfin, les flottes anglaises, maîtresses de la Méditerranée comme de l'Océan, se tenaient prêtes à seconder les opérations du général autrichien contre Gênes, et à embarquer 20,000 hommes réunis aux îles Baléares, pour effectuer une descente sur les côtes méridionales de la France.

Disposant de ces forces considérables, les ennemis de la France l'auraient facilement envahie, s'ils avaient osé faire une campagne d'hiver; mais ils préféraient attendre le printemps, afin de réunir à leurs vieilles légions les contingents que l'Empire venait d'accorder aux sollicitations de l'Angleterre. Ils étaient convaincus que le Directoire serait incapable de mettre l'hiver à profit pour ramener l'ordre, la discipline et la vie dans nos camps, et que chaque jour viendrait augmenter la pénurie du trésor, la détresse et la désertion de nos soldats. Comment, en effet, ne pas le supposer? comment douter que la France ne fût à la veille d'un immense désastre?

Livrée depuis dix ans aux expériences de tous les utopistes révolutionnaires, épuisée par les remèdes mêmes qu'on voulait apporter à ses maux, elle avait éprouvé toutes les formes de tyrannie démagogique depuis le règne sanglant de la Terreur jusqu'à la domination abjecte et corrompue du Directoire, et il était trop évident qu'elle n'avait plus à attendre de la révolution que des chefs dignes de sa haine ou de son mépris. Les esprits à cet égard étaient suffisamment éclairés, ils n'avaient plus d'espoir que dans une contre-révolution. Une dictature militaire, réunissant dans une seule main le sceptre du législateur et l'épée du soldat, pouvait seule rendre à l'autorité son prestige, ranimer les courages abattus et découvrir des ressources inespérées dans le sol inépuisable de la France.

L'Europe n'avait pas prévu cette solution, mais du fond de l'Egypte le vainqueur d'Arcole y avait rêvé ; il avait franchi tous les obstacles pour la conquérir; il était venu en France à travers les croisières anglaises ; il était arrivé miraculeusement à Paris le 24 vendémiaire an VIII, et, le 18 brumaire, il avait accompli le coup d'Etat qui délivrait la France d'un pouvoir incapable et méprisé. Il faut bien le reconnaître, même aujourd'hui, le 18 brumaire était une mesure de salut public ; il était urgent qu'un général, étranger à tous les partis, s'emparât des rênes de l'Etat et, mettant à profit son heureux ascendant, rétablît l'ordre dans l'administration et la discipline dans l'armée pour faire tête aux ennemis du dedans et du dehors. La dictature militaire était indispensable pour sauver la France de l'anarchie et de l'invasion ; et rien ne prouve mieux jusqu'à quel point cette dictature répondait aux nécessités du moment que la manière même dont elle s'est établie. Jamais, on peut l'affirmer, on ne s'y était si maladroitement pris pour renverser un Gouvernement ; jamais on n'avait si médiocrement préparé celui qu'on voulait y substituer : rien n'était prévu pour un si grand résultat, et cependant il a suffi de quelques heures pour l'obtenir. Le Directoire est tombé sans résistance, les corps représentatifs ont été dissous et modifiés avec la même facilité ; une loi, promulguée le lendemain, si cela peut s'appeler une loi, est venue instituer un consulat provisoire et lui déléguer la toute-puissance.

Jamais le général Bonaparte ne remporta une plus facile victoire, mais aussi jamais il ne sut mieux profiter du succès, lui qui n'avait pas d'égal dans cet art aussi important que celui de vaincre.

On lui avait associé, dans le consulat, deux membres du dernier directoire, mais il ne tarda pas à réunir tout le pouvoir dans sa main. Le seul de ses collègues, dont une ancienne popularité pouvait faire un rival dangereux, s'estima heureux de satisfaire l'ardente et vaniteuse ambition de toute sa vie, celle de rédiger la constitution future, et d'y insérer les principes et les formules qu'il avait médités depuis dix ans. Il se croyait sûr d'organiser la révolution, parce qu'il avait imaginé des formes politiques pour encadrer le désordre.

Pendant que Siéyès écrivait sa charte au fond de son cabinet, le Premier Consul ne perdait pas un moment pour faire face aux premières nécessités.

Avant la fin de novembre il avait supprimé l'emprunt progressif et, en retour de cette sage suppression, il avait obtenu des banquiers de Paris un secours de douze millions, qui était venu porter un premier soulagement à la détresse des armées; en même temps il avait aboli le système de perception par adjudication, rétabli la perception directe aux frais de l'Etat, institué les receveurs généraux et la caisse d'amortissement, c'est-à-dire posé les bases du système financier qui nous régit encore aujourd'hui.

D'un autre côté, pour rassurer les esprits autant que les intérêts, il avait rapporté la loi des ôtages, élargi les prêtres persécutés, négocié une suspension d'armes avec la Vendée, déjà à demi apaisée par l'avénement au pouvoir d'un général ennemi du fanatisme révolutionnaire.

Enfin, comme nous aurons l'occasion de l'expliquer bientôt, il avait porté au dehors l'influence salutaire de son autorité, en signant un armistice sur le Rhin, et en ouvrant des négociations avec la Prusse.

Il fallut interrompre un moment ces utiles travaux pour discuter la constitution de M. Siéyès; on sait qu'elle avait pour pivot un grand électeur, placé au sommet de l'administration comme une flèche au sommet d'une pyramide, choisissant deux consuls qui choisissaient des ministres, appelés eux-mêmes à nommer tous les agents du pouvoir sur des listes de notabilité. Ce grand électeur était un véritable roi fainéant, condamné en naissant, par décret de la constitution, à l'inertie et à l'impuissance.

Les sarcasmes du général Bonaparte eurent bientôt raison de cette conception absurde d'un homme d'esprit. Les républicains vaincus au 18 brumaire voulurent exciter la susceptibilité de Siéyès, et y réussirent un moment : mais qui aurait osé résister longtemps à un général illustre, dont le pouvoir tutélaire avait, en si peu de jours, rétabli l'ordre et la confiance ?

Siéyès se soumit, et le jeune consul, qui prévoyait déjà sa destinée, se contenta d'approuver, dans l'œuvre de son collègue, ce qui pouvait servir plus tard à fonder la puissance impériale et à dominer les assemblées délibérantes, s'inquiétant peu, du reste, des noms et des attributions qu'on voulait donner à ces corps politiques.

Il admit un sénat chargé de veiller au maintien de la constitution, pouvant seulement rejeter les lois sans les modifier ; un corps législatif muet, votant les lois sans les discuter ; enfin un tribunat discutant devant le corps législatif les lois qu'il ne pouvait promulguer lui-même. A côté de ce pouvoir législatif pour ainsi dire garrotté, il y avait un premier consul, ayant dans ses mains le gouvernement tout entier, la direction de la guerre, de l'administration et de la diplomatie; enfin, près de lui deux consuls avec simple voix consultative.

On peut dire que cette constitution se résumait dans un seul article, dans celui qui conférait la toute-puissance au général Bonaparte.

Nous ne pousserons pas plus loin l'examen d'une œuvre politique dont les détails n'ont pas d'importance pour le sujet qui nous occupe, il suffit d'avoir montré qu'elle donnait au premier consul de puissantes attributions; des attributions telles que la monarchie n'en avait jamais accordées à nos rois.

Dans les époques de transition, lorsqu'un pouvoir détesté succombe, le pouvoir qui lui succède, quelque absolu qu'il soit, est accepté comme une heureuse réparation; il s'opère dans les esprits les plus indépendants une tacite transaction, ils sacrifient sans peine la liberté pour échapper à la licence.

La constitution de l'an VIII obtint cette faveur peu glorieuse, mais très-réelle.

Toutefois, il ne faut pas s'y tromper, le pouvoir nouveau n'était admis et respecté qu'à la condition impérieuse de réparer les désastres que le Directoire nous avait fait subir.

Le parti de l'ordre avait bien appris à mépriser les révolutionnaires, mais il n'osait pas encore les combattre ; il était le protégé du premier consul, bien plutôt que son protecteur. Le général Bonaparte le savait bien, et, s'il ne négligeait rien pour reconstituer un pouvoir bienfaisant, il s'occupait en même temps à préparer les victoires qui seules pouvaient le consolider.

A peine investi, par la constitution nouvelle, de l'autorité consulaire, il redoubla d'activité et d'énergie dans le système qu'il avait adopté pendant la courte durée de sa dictature provisoire.

Il n'hésita pas à heurter les préjugés et les principes de la révolution en rendant les droits de citoyen aux parents des émigrés, en rappelant les proscrits du 18 fructidor et en abolissant l'anniversaire du 21 janvier. En même temps il bannit l'esprit révolutionnaire de l'administration en substituant aux municipalités des fonctionnaires nouveaux qui, sous les noms de préfets et de sous-préfets, devaient administrer les communes ; il rendit au pouvoir judiciaire une juste indépendance, et fortifia le crédit par l'institution d'une banque, nécessairement appelée à jouer un grand rôle dans notre organisation financière.

Pendant que ces mesures, aussi habiles que prudentes, assuraient au dedans le triomphe de l'ordre, il ne perdait pas un moment pour rassembler toutes les ressources et employer tous les moyens capables de préparer la victoire au dehors ; son premier soin fut d'affaiblir les ennemis qu'il devait rencontrer sur le champ de bataille, et d'ébranler leur forces morales avant d'attaquer leurs forces réelles. En d'autres termes, il se hâta d'ouvrir une campagne diplomatique avant de commencer la campagne militaire.

Nous allons le suivre sur ce premier champ de bataille.

CHAPITRE III.

Campagne diplomatique. — Négociations avec l'Autriche. — Armistice sur le Rhin. — Négociations avec l'Angleterre. — Les explications rendent la guerre nationale. — La Russie se retire de la coalition. — La Prusse reste fidèle à sa neutralité. — La Saxe, le Danemark, la Suède, suivent cet exemple. — L'Espagne maintient son alliance. — Proclamation du 8 mars. — Appel aux armes.

Le jour même où la Constitution de l'an VIII appela le général Bonaparte au poste de premier consul, il écrivit une lettre à l'empereur d'Allemagne et une au roi d'Angleterre. La lettre à l'empereur était conçue en ces termes :

« De retour en Europe après dix-huit mois d'absence,
« je retrouve la guerre allumée entre la République
« française et V. M.

« La nation française m'appelle à occuper la première
« magistrature.

« Etranger à tout sentiment de vaine gloire, le pre-
« mier de mes vœux est d'arrêter l'effusion du sang qui
« va couler. Tout fait prévoir que, dans la campagne
« prochaine, des armées nombreuses et habilement diri-
« gées tripleront le nombre des victimes que la reprise

« des hostilités a déjà faites. Le caractère connu de
« V. M. ne me laisse aucun doute sur le vœu de son
« cœur. Si ce vœu est seul écouté, j'entrevois la possibi-
« lité de concilier les intérêts des deux nations.

« Dans les relations que j'ai eues précédemment avec
« V. M., elle m'a témoigné personnellement quelque
« égard. Je la prie de voir dans la démarche que je fais le
« désir d'y répondre et de la convaincre de plus en plus de
« la considération toute particulière que j'ai pour elle. »

Cette ouverture, faite par le Directoire, eût ressemblé à un acte de faiblesse, mais venant de celui qui avait déjà une fois enlevé l'Italie à l'Autriche, elle était sérieuse et habile.

Le cabinet de Vienne n'osa pas la repousser formellement ; quelques notes diplomatiques furent échangées entre la République et le gouvernement impérial. La France proposa de prendre pour base de la paix future le traité de Campo-Formio, qui avait dû être régularisé dans le congrès de Rastadt, si tragiquement interrompu par l'assassinat des plénipotentiaires français, et qui avait donné à la France la Belgique et le Luxembourg, à la République cisalpine la Lombardie, le Mantouan et les Légations, à l'Autriche enfin Venise et Salzbourg.

Le Premier Consul ne pouvait demander moins ; le piédestal de sa nouvelle autorité reposait sur ces glorieux souvenirs. Mais l'Autriche, de son côté, ne pouvait se résoudre à abandonner les riches territoires qu'elle venait de reconquérir ; elle demanda une négociation générale entre toutes les parties belligérantes, sur la base du *statu quo*. C'était déclarer la paix impossible et rendre inutile toute négociation. Cependant la tentative du Premier Consul ne fut pas sans résultat : on convint d'établir un armistice sur le Rhin, seule frontière que la saison ne fermât pas aux hostilités. Cet armistice partiel équivalait à un armistice général ; les préparatifs de guerre devenaient plus faciles, et les mouvements de troupes à l'intérieur, sans péril ; c'était une véritable victoire dans l'état d'épuisement où se trouvait la France.

La lettre adressée au roi d'Angleterre n'était pas moins habilement rédigée que celle adressée à l'empereur d'Autriche; elle était ainsi conçue :

Paris, 5 nivôse an VIII (26 décembre 1799).

« Appelé, Sire, par le vœu de la nation française, à oc-
« cuper la première magistrature de la République, je
« crois convenable, en entrant en charge, d'en faire di-
« rectement part à V. M.

« La guerre qui, depuis huit ans, ravage les quatre par-
« ties du monde, doit-elle être éternelle ? N'est-il donc
« aucun moyen de s'entendre ? Comment les deux na-
« tions les plus éclairées de l'Europe, puissantes et for-
« tes plus que ne l'exigent leur sûreté et leur indépen-
« dance, peuvent-elles sacrifier à des idées de vaine

« grandeur le bien du commerce, la prospérité inté-
« rieure, le bonheur des familles? Comment ne sentent-
« elles pas que la paix est le premier besoin, comme la
« première des gloires?

« Ces sentiments ne peuvent pas être étrangers à V.
« M., qui gouverne une nation libre, et dans le seul but
« de la rendre heureuse.

« V. M. ne verra dans cette ouverture que mon dé-
« sir sincère de contribuer efficacement, pour la seconde
« fois, à la pacification générale, par une démarche
« prompte, toute de confiance, et dégagée de ces for-
« mes qui, nécessaires peut-être pour déguiser la dé-
« pendance des États faibles, ne décèle, dans les États
« forts, que le désir mutuel de se tromper.

« La France, l'Angleterre, par l'abus de leurs forces,
« peuvent longtemps encore, pour le malheur de tous
« les peuples, en retarder l'épuisement; mais, j'ose
« le dire, le sort de toutes les nations civilisées est
« attaché à la fin d'une guerre qui embrase le monde
« entier. »

Signé : BONAPARTE,

Premier Consul de la République.

Cette ouverture directe était insolite vis-à-vis d'un gouvernement constitutionnel, et le roi d'Angleterre était autorisé à n'y faire lui-même aucune réponse. Mais le cabinet était mis en demeure, et lord Granville ne put se dispenser d'adresser une note à M. de Talleyrand, tout récemment élevé aux fonctions de ministre des affaires étrangères. Le cabinet anglais répondit ce que répondent les gouvernements qui se croient sûrs de vaincre, ce que Bonaparte lui-même aurait répondu à une ouverture semblable dix ans plus tard, lorsqu'il rêvait la soumission du continent. Lord Granville commençait par protester du désir qu'il avait de rétablir la paix, mais en même temps il rejetait la responsabilité des luttes passées sur le Gouvernement français ; il récapitulait ses nombreuses agressions en Europe et hors de l'Europe, faisant ainsi allusion à la campagne que le Premier Consul venait de faire lui-même en Egypte ; il prétendit que les traités les plus solennels n'avaient servi qu'à préparer de nouvelles agressions ; que les ouvertures actuelles ne pouvaient être sincères ; que, si la France voulait sérieusement la paix, elle devait renoncer à ses conquêtes et revenir au système monarchique. Cette dernière prétention n'était pas soutenable ; avant tout elle manquait de sincérité. Le cabinet anglais ne disait pas à quelle monarchie il fallait revenir, et ne limitait pas ce rétablissement au retour des anciens rois. D'un autre côté elle était doublement imprudente, eu égard à la situation des choses et des esprits en France, et quelle que fût la secrète pensée du cabinet anglais ; s'il voulait la paix, il la rendait humiliante ; s'il voulait la guerre, il la rendait populaire contre lui. Le Premier Consul n'eût pas dicté la note anglaise en d'autres termes et n'y eût pas inséré une provocation plus favorable à ses vues. Il était clair que la paix ne pouvait plus être négociée que l'épée à la main.

Cependant le Premier Consul insista de nouveau, sans doute pour achever de convaincre ceux qui auraient douté de sa modération, bien certain qu'il ne courrait aucun risque en mettant l'Angleterre au défi de faire la paix. Il réfuta les reproches de la note anglaise, proposa une suspension d'armes et la désignation d'une ville pour y ouvrir des conférences pacifiques. Le cabinet anglais, dont le parti était pris d'avance, répondit par une note plus amère que la première, et qui acheva de prouver l'impérieuse nécessité où se trouvait le général Bonaparte de demander à la France des moyens de défendre son territoire et son indépendance menacés. Lorsque la question fut portée devant le Parlement anglais, les ministres s'efforcèrent de réparer la faute qu'ils avaient commise dans leur note. Pitt déclara : « que le roi « d'Angleterre n'avait aucun désir de prescrire à une « nation étrangère la forme de son Gouvernement; « qu'il ne croyait pas qu'il fût possible de rétablir de « vive force la monarchie en France ; *qu'il ne le désirait* « *même pas* (aveu qui constatait la mauvaise foi de la « note de lord Granville), mais qu'il espérait que la « France, dégagée du poids de l'autorité militaire par

« les efforts des armées combinées, pourrait enfin ex-
« primer son vœu réel. »

La conduite du cabinet, ainsi commentée, fut approuvée dans le Parlement à une grande majorité, malgré les efforts éloquents de ceux qui voulaient vivre en paix avec la révolution française, et l'opinion publique, toujours disposée à croire qu'il est légitime de guerroyer contre la France, se rangea du côté de la majorité. A dire vrai, l'instinct populaire était intelligent en cette circonstance.

« Le fils de Chatam, dit Mathieu Dumas, dans son
« *Précis des événements militaires,* ne fut pas entraîné par
« une aveugle haine, mais guidé par la conscience des
« vrais intérêts de l'Angleterre, lorsqu'au commence-
« ment du dix-neuvième siècle il refusa la paix propo-
« sée par Bonaparte, dictateur de la République fran-
« çaise. »

Mathieu Dumas avait raison ; Pitt ne pouvait croire à la sécurité de l'Angleterre tant que la France conserverait la Belgique et disposerait des ressources maritimes de la Hollande. Il fallait à tout prix empêcher le Premier Consul d'enchaîner plus étroitement à la France ces importantes conquêtes. La guerre était donc la vraie politique nationale en Angleterre comme elle l'était en France, et à ce double titre elle était inévitable.

Du côté de la Russie, la lutte avait eu un autre caractère, un caractère désintéressé.

Le czar ne faisait pas la guerre à la France, ni à son ambition, mais à ses passions démagogiques ; l'Angleterre et l'Autriche n'avaient rien négligé pour conserver ce puissant auxiliaire dans la coalition ; mais Paul Ier ne pouvait se consoler de la défaite de Korsakoff à Zurich qu'en l'imputant à la trahison de l'Autriche ; d'un autre côté, des causes de mésintelligence avaient éclaté entre les troupes russes et autrichiennes qui faisaient le siége d'Ancône. Informé de ces secrètes dissidences, et connaissant l'esprit chevaleresque de l'empereur de Russie, le Premier Consul avait eu l'heureuse idée de parler au cœur du czar, en lui renvoyant, équipés et habillés aux frais de la France, les prisonniers russes faits à Berghen et à Zurich.

Entre la France qui rendait cet hommage au courage malheureux et l'Autriche dont il croyait avoir à se plaindre, l'empereur Paul Ier n'hésita plus. Vainement lord Withworth à Saint-Pétersbourg, et lord Minto à Vienne, prodiguèrent les sacrifices pour rapprocher les deux cours impériales ; vainement on offrit à Souvaroff le commandement de l'armée autrichienne du général Kray : Paul rappela son général et retira son armée de la coalition.

Cette défection produisit une vive sensation parmi les puissances européennes ; la coalition était encore assez nombreuse pour se croire en mesure d'écraser les débris de nos armées sans le secours de la Russie, mais c'était beaucoup pour la France d'écarter de la lice un adversaire qui aurait pu la contraindre à diviser ses forces et à lui faire face en Hollande et en Suisse, quand elle avait besoin de concentrer toutes ses troupes sur des points plus sérieusement menacés.

La Prusse, restée neutre depuis la campagne de 1792, pouvait, par sa position géographique, exercer une grande influence sur les événements militaires. L'Angleterre s'en était toujours préoccupée, et cette fois encore elle lui fit de vives instances pour l'engager à se réunir à la coalition; elle s'efforça de lui faire comprendre que la guerre était opportune dans un moment où la détresse de la France faisait espérer qu'on pourrait s'agrandir à ses dépens.

De son côté, le général Bonaparte avait saisi l'occasion de son avénement au consulat pour envoyer le général Duroc auprès du roi de Prusse, sous prétexte de le complimenter au nom du Gouvernement consulaire, mais en réalité pour lui offrir la mise en possession du Hanovre, c'est-à-dire l'accomplissement de l'article secret du traité de Bâle qui accordait à la Prusse une indemnité territoriale en compensation des provinces de Gueldres et de Clèves, réunies à la République française.

Le général Duroc avait toutes les qualités nécessaires pour remplir cette mission d'étiquette et de politique; il joignait l'extérieur le plus agréable à l'esprit le plus discret et le plus sage.

Cependant le roi de Prusse, placé entre deux séductions, ne s'abandonna ni à l'une ni à l'autre. Il ne voulut pas même céder aux instances de son ministre, le comte Haugwitz, qui rêvait, pour la Prusse, le rôle de médiatrice de l'Europe. Frédéric-Guillaume fut plus modeste et aussi plus sage, il persista dans le système de neutralité qu'il avait adopté en vue de réparer les désordres et les prodigalités du dernier règne.

L'électeur de Saxe déterminé, comme le roi de Prusse, par des considérations d'intérêt public, autant que par son caractère personnel, fut amené sans peine à suivre le même système de neutralité et à laisser à la France toute sécurité de son côté.

Le Danemark avait eu à se plaindre du Directoire, qui avait fait arrêter dans les ports de France plusieurs de ses navires marchands, sous prétexte qu'il ne savait pas faire respecter la neutralité maritime, et qu'il permettait aux Anglais de saisir des propriétés françaises sur leur bord. Bonaparte se hâta de rapporter cette mesure inique, à l'égard d'un Gouvernement dont le seul tort était de souffrir ce qu'il ne pouvait empêcher. L'*embargo* fut levé, et cette sage décision ramena sans peine le comte de Bernstorf à la politique de modération, dont son illustre père lui avait donné le judicieux exemple pour le grand bien de son pays.

La Suède, déchirée par les factions et gênée par ses embarras financiers, ne pouvait pas songer à prendre part aux luttes du continent; elle était trop heureuse de suivre l'exemple que lui offraient ses voisins, pour ambitionner un autre rôle.

La Hollande et la Suisse, occupées par les armées françaises, ne pouvaient avoir d'autre ambition que de rester neutres et de mériter les ménagements des puissances qui se faisaient la guerre sur leur territoire.

La Hollande consentit cependant à donner au Gouvernement français un concours financier et à lui payer une somme de six millions, en échange des biens des émigrés et du clergé allemand, possessionnés en Hollande.

L'Espagne, qui avait vu son commerce ruiné dans la guerre avec l'Angleterre, semblait peu disposée à resserrer les liens désastreux qui l'avaient unie à la France, et à faire la guerre au Portugal, l'alliée du cabinet de Saint-James; mais l'Espagne était sous la domination capricieuse de Godoï, et le général Bonaparte avait su mettre dans ses intérêts cet étrange souverain de la vieille Espagne.

Le Premier Consul avait conduit ses négociations avec habileté et bonheur comme il avait l'habitude de conduire ses armées. Il avait raffermi les alliances de la France, enchaîné les États neutres à leur système pacifique, éloigné des champs de bataille des adversaires redoutables, amené à d'importantes concessions les ennemis les plus acharnés; l'Autriche elle-même avait consenti à signer un armistice nécessaire à notre détresse, et l'Angleterre, habilement démasquée, avait montré publiquement des exigences qui rendaient la guerre nationale.

A l'issue de cette campagne diplomatique, dont les défaites pouvaient passer pour des victoires, et dont l'intelligente direction avait si bien répondu à la double préoccupation d'une nation avide de repos, et non moins jalouse de son indépendance, le général Bonaparte avait pu faire entendre cet appel aux armes :

« Français ! Vous désirez la paix ; votre Gouverne-
« ment la désire avec plus d'ardeur encore. Ses premiers
« vœux, ses constantes démarches, ont été pour elle. Le
« ministère anglais a trahi le secret de son horrible po-
« litique. Déchirer la France, détruire sa marine et ses
« ports, l'effacer du tableau de l'Europe..., tenir toutes
« les nations du continent divisées..., s'enrichir de leurs
« dépouilles ; c'est pour obtenir ces affreux succès que
« l'Angleterre répand l'or et multiplie les intrigues......

« Que tous s'empressent de payer le tribut qu'ils
« doivent à la défense commune, que les jeunes citoyens
« marchent ; ce n'est plus pour les factions, ce n'est
« plus pour le choix des tyrans qu'ils vont s'armer : c'est
« pour la garantie de ce qu'ils ont de plus cher, c'est
« pour la France, c'est pour les intérêts sacrés de l'hu-
« manité et de la liberté. »

Nous allons voir comment cet appel a été entendu, et

avec quelle prodigieuse activité le Premier Consul a su relever les forces morales et matérielles de nos armées, naguère épuisées jusqu'à la défaillance et découragées jusqu'à la désertion.

CHAPITRE IV.

Premières mesures du général Bonaparte pour réorganiser les armées. — Il pourvoit aux grands commandements militaires. — Il éteint la guerre civile dans l'Ouest. — Levée de 100,000 conscrits. — Réunion de 25,000 chevaux. — Création des soldats du train et des inspecteurs aux revues. — Secours à l'armée du Rhin et à l'armée d'Italie. — Création de l'armée de réserve. — Plan du Premier Consul. — Plan de l'Autriche.

Un des premiers soins du général Bonaparte fut de pourvoir aux grands commandements militaires, tâche difficile à remplir vis-à-vis de généraux auxquels il semblait permis d'être jaloux de sa fortune et surtout du périlleux honneur de sauver la France d'une imminente invasion. Le Premier Consul fit des choix qui ont reçu la plus puissante consécration, celle de la victoire.

Il importait de réunir sous un seul chef l'armée du Rhin et celle de Suisse, afin d'opposer à l'armée impériale de Souabe, dont nous allons faire connaître la situation, une masse imposante et compacte. Mais nos deux armées combinées présentaient un effectif d'environ 100,000 hommes, et il n'y avait qu'un seul général, après Bonaparte, qui fût capable de commander une armée aussi considérable; il n'y en avait qu'un seul qui connût bien le terrain sur lequel il fallait opérer : c'était le général Moreau ; c'était lui que la voix publique appelait à la tête de l'armée du Rhin ; ce fut lui que le Premier Consul y plaça.

L'armée de Ligurie, découragée par les revers et livrée à un déplorable esprit d'insubordination, avait besoin qu'un chef habile et énergique vînt ramener parmi ses bataillons la discipline et la confiance. Il lui fallait en même temps, dans les Apennins où elle s'était réfugiée, un général exercé à faire la guerre de montagnes. Masséna réunissait ces rares qualités ; il avait fait les premières campagnes d'Italie avec le général Bonaparte, et il venait de remporter, au pied des Alpes suisses, la victoire de Zurich. La fortune lui avait souri lorsqu'elle abandonnait nos autres généraux. Masséna fut chargé d'aller défendre contre le général Mélas nos dernières possessions en Italie.

En même temps le Premier Consul se mit en communication directe avec les armées, pour leur faire entendre un langage où l'adulation et le blâme étaient mêlés avec un art dont il avait seul le secret, et dont la puissance était irrésistible. Il disait, dans la proclamation du 5 nivôse, adressée indistinctement à toutes les troupes dont il voulait relever le courage :

« Vous êtes les mêmes hommes qui conquirent la
« Hollande, le Rhin, l'Italie, et donnèrent la paix sous
« les murs de Vienne étonnée.

« Soldats, ce ne sont plus vos frontières qu'il faut
« défendre : ce sont les Etats ennemis qu'il faut en-
« vahir....

« Soldats ! lorsqu'il en sera temps, je serai au milieu
« de vous, et l'Europe se souviendra que vous êtes de
« la race des braves. »

A l'armée d'Italie, il tenait un langage plus sévère, mais non moins encourageant :

« Vos besoins sont grands ; toutes les mesures sont
« prises pour y pourvoir.

« Les premières qualités du soldat sont la constance
« et la discipline : la valeur n'est que la seconde.

« Soldats ! plusieurs ont quitté leurs positions ; ils
« ont été sourds à la voix de leurs officiers : le 17ᵉ
« léger est de ce nombre.

« Sont-ils tous morts, les braves de Castiglione, de
« Rivoli, de Newmark ? ils eussent péri plutôt que de
« quitter leurs drapeaux...

« Soldats d'Italie ! un nouveau général vous com-
« mande ; il fut toujours à l'avant-garde, dans les plus
« beaux jours de votre gloire. Entourez-le de votre con-
« fiance : il ramènera la victoire dans vos rangs. »

Ce langage belliqueux contrastait avec les lettres adressées le même jour à l'empereur d'Allemagne et au roi d'Angleterre, mais il était permis au général de ranimer la confiance de ses troupes au moment où le premier magistrat de la République faisait des ouvertures pacifiques à ses ennemis. La modération de l'un n'excluait pas la prévoyance de l'autre. La conduite et le langage du général Bonaparte pouvaient d'ailleurs se justifier par cette maxime bien connue :

Si vis pacem, para bellum.

D'un autre côté, le Premier Consul se mit à l'œuvre pour pacifier la Vendée ; il pensait avec raison qu'il lui était impossible de lutter avec l'Europe en même temps qu'il avait à soutenir en France ce qu'il a appelé plus tard des combats de géants.

L'influence de son nom et de sa parole, qui était grande partout, devait l'être particulièrement dans cette contrée ; le rappel des proscrits, la restitution des églises aux prêtres, l'abolition de la fête du 21 janvier, avaient produit une grande et légitime sensation. Le 29 décembre, il adressa aux départements de l'Ouest une proclamation qui devait à la fois les rassurer et les contenir :

« Une guerre impie, disait-il, menace d'embraser
« une seconde fois les départements de l'Ouest. Le
« devoir des premiers magistrats de la République est

« d'en prévenir le progrès, et de l'éteindre dans son
« foyer; mais ils ne veulent déployer la force qu'après
« avoir épuisé les voies de la persuasion et de la jus-
« tice. »

Ce langage était sincère et d'accord avec la conduite du Gouvernement; d'une part, Hédouville, dont l'esprit conciliant était connu et apprécié dans l'Ouest, fut chargé de négocier une suspension d'armes, tandis que, d'un autre côté, le général Brune, à la tête de 20,000 hommes détachés de l'armée qui venait de vaincre au Texel, se présenta pour étouffer toute résistance. Plusieurs chefs, entre autres Châtillon et d'Autichamp, signèrent une suspension d'armes, dont la première condition fut le rétablissement du libre exercice du culte. D'autre chefs, soutenus et encouragés par l'Angleterre, qui avait mis au rang de ses prévisions une insurrection générale de l'Ouest, voulurent tenter quelque résistance ; mais, surpris et accablés par le nombre, ils déposèrent successivement les armes. La lutte n'avait pas duré un mois, depuis l'arrivée à Nantes du général Brune, que déjà une amnistie entière et absolue avait été accordée à tous les habitans de l'Ouest. Des mesures de tolérance politique et religieuse, des adoucissements à la rigueur des impôts et de la conscription, achevèrent de pacifier ces contrées, étonnées de tant de modération après tant de violences.

L'armée qui avait obtenu cette heureuse pacification

devenait elle-même disponible et allait servir de noyau à une armée de réserve, dont la formation devait être aussi prompte qu'imprévue.

Après tant de succès obtenus, de si sanglantes discordes apaisées, le Premier Consul avait mérité de la nation une confiance sans bornes ; il l'obtint. On se résigna à tous les sacrifices, on obéit avec empressement, on accueillit avec faveur toutes les mesures qu'il jugea nécessaires.

Le corps législatif vota une levée de 100,000 conscrits. Une loi révoqua les congés accordés et soumit toutes les réformes à un nouvel examen. Cette mesure donna 30,000 hommes déjà exercés aux travaux de la guerre. Tous les anciens militaires retirés du service furent appelés à rentrer dans les rangs de l'armée; une gendarmerie nombreuse fut créée; le matériel fut réparé et augmenté avec une surprenante célérité; 25,000 chevaux furent rassemblés en deux mois; l'honneur de servir sous le général que la victoire n'avait jamais trahi fit organiser plusieurs corps de volontaires à pied et à cheval, qui se montèrent et qui s'équipèrent à leurs frais.

Les réfugiés napolitains, romains, lombards et piémontais, formèrent plusieurs légions.

La confiance générale assurait le succès de ces mesures ; le génie du Premier Consul inventa d'autres ressources.

Il créa le corps des inspecteurs aux revues, afin de constater d'une manière sûre le nombre des soldats présents sous les armes, et de ne plus obérer le trésor de la solde des absents.

Il convertit les charretiers d'artillerie en soldats revêtus de l'uniforme, les encadra dans les régiments de cette arme et donna ainsi 12,000 cavaliers à l'armée. Ces deux importantes innovations, qui rendirent alors les plus grands services, sont encore aujourd'hui les éléments de notre organisation militaire et la garantie de sa force.

L'armée du Rhin, protégée par l'armistice, fut approvisionnée sans obstacle; elle reçut tout ce qu'on put lui donner en hommes, en matériel et en artillerie; on lui envoya même de grands moyens de passage, afin qu'elle se trouvât en mesure de franchir le Rhin partout où on le jugerait à propos, quoiqu'elle eût déjà la possibilité de déboucher par les têtes de pont de Kehl, Brisach et Bâle. Cette armée se composait en immense majorité de vieux soldats qui avaient conquis la Hollande et les rives du Rhin; elle était commandée par nos meilleurs généraux Lecourbe, Richepance, St-Cyr, Ney et Moreau; c'était la mieux disciplinée et la plus intrépide de la République; elle fut portée à 130,000 hommes.

L'armée de Ligurie, comme nous l'avons dit, était décimée par la misère et dispersée par l'indiscipline. En arrivant à Fréjus, Masséna rencontra le 14e de ligne qui avait quitté son poste ; la division Lemoine tout entière avait déserté. Les généraux eux-mêmes saisissaient l'occasion de s'éloigner d'une armée qui n'obéissait plus à leurs ordres ; sur quatre généraux de division que le nouveau général en chef y trouva, un se faisait tirer une balle reçue dans la dernière campagne, et un autre rentrait en France.

La détresse de cette armée a été, pour ainsi dire, officiellement révélée dans la lettre suivante adressée au ministre de la guerre par le général Masséna lui-même : « J'ai beaucoup de cadres et peu de troupes, peu de « troupes et presque point d'hommes en état de faire « la guerre; presque point d'hommes et encore moins « de moyens ; les désertions et les ravages des maladies « et des hôpitaux diminuent encore l'armée tous les « jours; elle est nue, déchaussée, affamée et découra- « gée... La situation est telle que, si vous ne m'envoyez « promptement des vivres, des hommes, des chevaux et « de l'argent, attendez-vous à la perte totale de l'armée « de Ligurie. »

Arrivé à Gênes, Masséna y trouva la disette et la fermentation; la mer, seule voie pour conduire dans cette ville des munitions et des approvisionnements, était couverte de bâtiments ennemis. Il aurait fallu à l'armée de Ligurie de la cavalerie, et l'on n'avait pas de fourrage ; de l'artillerie, et il n'y avait pas de route pour l'amener. « La position de l'armée était telle, dit le

« général Thiébault, qu'elle ne pouvait être secourue
« où elle était, c'est une vérité que le Gouvernement
« n'avait pas pu avouer, mais qu'il est facile d'éta-
« blir. »

Le général en chef de l'armée de Ligurie était réduit à trouver toutes ses ressources en lui-même. Le premier Consul y avait compté ; c'était faire le plus grand éloge de Masséna ; celui-ci prouva qu'il en était digne, grâce au répit que lui donnèrent d'heureuses circonstances, il releva le moral de l'armée en lui donnant une nouvelle organisation, en changeant et déplaçant tous les généraux. Il arma la garde nationale pour contenir les populations ; lança des corsaires qui firent d'heureuses captures pour l'approvisionnement de la place ; réprima sévèrement les abus qui s'étaient introduits dans la fourniture des vivres et dans l'organisation des hôpitaux, en un mot, il porta remède aux maux sous le poids desquels l'armée et la population étaient à la veille de succomber, et se mit en mesure de disputer chèrement aux Autrichiens le territoire confié à sa vigilance et à son courage.

La République française, qui n'avait naguère que des tronçons d'armée à opposer à la coalition victorieuse, allait donc compter sur deux armées, dont l'une était impatiente d'aller prendre l'offensive en Allemagne, et l'autre en mesure d'occuper les forces de l'Autriche sur les Apennins et aux portes de Gênes.

Ce n'est pas tout, grâce à la pacification des luttes intestines, le Premier Consul avait rendu disponible une partie de l'armée de l'ouest et des garnisons intérieures. Ces ressources, qui semblaient peu considérables, pouvaient, dans une main puissante et habile, devenir, et devinrent en effet de grands moyens d'action au dehors. Le général Bonaparte les destinait, comme nous l'avons annoncé, à former une troisième armée, qui, sous le nom d'armée de réserve, devait aller frapper un coup décisif, soit en Allemagne, soit en Italie. Toutefois, le Premier Consul, se garda bien de dévoiler le secret de cette importante détermination ; l'heureuse dispersion des troupes qui devaient composer cette armée lui permettait d'en dissimuler la véritable destination ; il saisit cette occasion, que lui offrait la fortune, de tromper ses ennemis. Le décret qui annonçait la création d'une armée de réserve désigna pour quartier général la ville de Dijon, dont la situation intermédiaire ne trahissait aucun plan définitif ; ce n'est pas tout ; afin de confirmer l'Europe dans l'opinion qu'elle avait de notre épuisement, il prit soin de tenir à quelque distance les principales divisions de l'armée de réserve, et de faire parader seulement, dans la ville de Dijon, des conscrits commandés par de vieux officiers. L'Europe tomba facilement dans un piége que ses illusions lui avait masqué d'avance, et se mit à railler ce qui pouvait en effet ressembler au fantôme d'une armée de réserve ; une caricature anglaise la personnifia sous la figure d'un enfant donnant la main à un invalide à jambe de bois. Tandis que les esprits railleurs, mais mal avisés, concouraient si aveuglément à tromper l'Europe, soixante bouches à feu étaient réunies dans les dépôts de Besançon, Auxonne et Briançon par les généraux Marmont et Gassendi ; en même temps, les divisions d'infanterie et de cavalerie se formaient dans les départements de la Côte-d'Or, de la Haute-Saône et du Rhône, attentives au signal qui devait les rassembler. La correspondance relative à ces préparatifs était renfermée entre le Premier Consul et les chefs de corps qui ignoraient eux-mêmes le plan de campagne auquel ils prêtaient leur concours.

On se demandait quels étaient les projets que le Premier Consul enveloppait d'un si profond mystère ?

Allait-il attendre l'ennemi derrière le Rhin et les remparts inaccessibles que les Alpes ont élevés sur nos frontières, afin de défendre pied à pied le territoire français, et d'épuiser les efforts de la coalition dans cette lutte désespérée ?

Aimerait-il mieux profiter de l'élan qui venait de se manifester pour aller offrir la bataille à l'ennemi, et remporter une de ces victoires qui décident du sort des empires ?

Ce dernier plan était le plus conforme au génie de

Bonaparte et à celui de la nation française; on pouvait surprendre l'ennemi avec d'autant plus de facilité qu'il croyait plus fermement à notre impuissance.

Le Premier Consul y avait songé et s'était décidé à prendre l'offensive; mais il fallait déterminer encore quel serait le théâtre de son agression.

Irait-il conquérir la paix sur les rives du Danube, à côté du général Moreau, ou dans les plaines de la Lombardie, avec le général Masséna?

Si l'on en croit les généraux Mathieu Dumas et Jomini, le premier plan du général Bonaparte aurait été de laisser Masséna sur la défensive dans les Apennins, d'aller en personne, avec l'armée de réserve, joindre la droite de Moreau, lorsque celui-ci aurait traversé le Rhin, de réunir 200,000 hommes dans la Souabe et le Voralberg, d'accabler Kray et de dicter sur l'Inn la restitution de l'Italie.

D'un autre côté, M. Thiers et quelques écrivains qui l'ont suivi, affirment que l'idée première de Napoléon a été de franchir les Alpes, par un prodige imité d'Annibal, de tomber en Piémont sur les flancs de Mélas, après que l'armée de Moreau aurait rejeté Kray sur le Danube, et de reconquérir l'Italie par une victoire décisive.

Après avoir consulté sur cette importante question tout ce qui pouvait servir à l'éclairer, nous n'avons pas cru possible d'adopter, d'une manière absolue, ni l'une ni l'autre de ces opinions. Il nous a été démontré que Napoléon avait été moins exclusif que ceux qui ont parlé de ses plans de campagne ; qu'il avait envisagé tour à tour les deux projets qu'on lui prête et qu'il s'était déterminé, après mûr examen, pour celui que les événements militaires avaient désigné à ses préférences.

Cette conduite était dictée par la prudence et par la nécessité. Avant de lancer une armée dans les vallées de la Suisse pour franchir les Alpes, il importait d'avoir reconnu le chemin dont l'accès était le plus facile; et, avant de se rendre à l'armée du Rhin pour la diriger, il fallait s'être entendu avec le général Moreau, récemment appelé à la commander et naturellement jaloux de conserver cet honneur.

Au reste, les documents les plus authentiques viennent confirmer ces appréciations.

D'un côté, nous lisons dans les correspondances déposées au Ministère de la guerre, que, dès le 25 janvier, le Premier Consul s'était préoccupé du passage des Alpes, et avait écrit au général Marescot, pour lui poser plusieurs questions sur les principaux débouchés de ces montagnes. D'un autre côté, il méditait également de se porter sur le Rhin, et il écrivait, le 25 février (6 ventôse), au général Brune :

« Je ne pense pas encore aller à l'armée du Rhin, et
« lorsque j'y penserai, vous pouvez compter que je vous

« y réserverai une place. » Quelques jours après il écrivait au même général Brune : « Il serait possible « que vers le 10 germinal (le 31 mars), je me portasse « vers le Rhin. »

Il écrivait encore au général Moreau, le 12 mars, comme si la jonction de l'armée de réserve avec l'armée du Rhin était arrêtée dans son esprit : « Avec une avant- « garde de 130,000 hommes, et une réserve de 50,000 « on peut parler bien haut. » Enfin, nous avons trouvé, dans les archives du Ministère de la guerre, une lettre écrite de la main du Premier Consul à la même époque, et de nature à dévoiler sa pensée tout entière sur cette importante résolution. « J'envie votre bon- « heur, vous allez, avec de braves gens, faire de belles « choses. Je troquerais volontiers ma pourpre consu- « laire pour une épaulette de chef de brigade sous vos « ordres... Je souhaite que les circonstances me per- « mettent de venir vous donner un coup de main. »

On voit, par ces documents, que l'attention du Premier Consul était fixée en même temps, et avec une égale vigilance, sur deux plans offensifs ; à moins qu'on ne suppose que les lettres adressées à Brune et à Moreau ne fussent une suite de la tactique adoptée pour tromper l'Europe, en trompant d'abord ses propres lieutenants. Mais cette supposition est d'autant moins admissible que le Premier Consul aurait eu tort de ne pas arrêter sérieusement sa pensée sur le projet dont il entretenait si souvent ses meilleurs généraux. L'occupation de la Suisse par nos troupes et la possession des trois têtes de pont de Bâle, Kehl et Neufbrisach, donnaient à la France de grands avantages pour prendre l'offensive en Allemagne, et pour frapper un coup décisif sur les bords du Rhin.

Pourquoi n'a-t-il pas donné suite à ce projet ? Parce qu'il a rencontré un obstacle que la prudence ne lui permettait pas de franchir. L'histoire le dit très-clairement à ceux qui la consultent attentivement sur ce point.

Le Premier Consul avait conçu, pour l'armée du Rhin, un plan d'opération qui donnait à cette armée le premier rôle. Il proposait de jeter un pont entre Bâle et Schaffouse, afin de franchir le Rhin à l'improviste sur un seul point, de déboucher en masse sur le flanc gauche du général Kray, de couper ses réserves, de le rejeter sur l'Inn et de lui faire éprouver un de ces désastres qui permettent au vainqueur de dicter les conditions de la paix.

Le général Moreau avait conçu lui-même un autre plan de campagne; dans son opinion l'armée autrichienne, cantonnée sur la rive droite du Rhin, avait l'avantage d'une concentration facile, le général autrichien pouvait réunir rapidement toutes ses forces sur le point que le général français aurait choisi pour passer le fleuve et rendre ce passage impossible ou désastreux.

Moreau aimait mieux profiter des ponts existants à Strasbourg, à Bâle et à Brisach, pour déboucher en plusieurs colonnes, diviser l'attention des Autrichiens, les attirer principalement sur le pont de Strasbourg, puis se dérober tout à coup, en repassant ce pont, longer le Rhin, se réunir aux corps qui auraient passé à Brisach et à Bâle, assurer le passage de l'armée sur ce point, et attaquer le général autrichien avant qu'il eût pu rappeler les troupes que la fausse attaque du côté de Strasbourg aurait éloignées de lui.

Les avis ont été partagés sur le mérite de ces deux combinaisons; aucun historien ne s'est refusé la satisfaction de se poser en juge des deux plus grands généraux de l'époque; nous ne suivrons pas cet exemple. D'abord parce que nous n'avons pas plus de titres que nos devanciers à discuter avec des hommes de guerre de la taille des Moreau et des Bonaparte. Ensuite, parce qu'à la guerre, le meilleur plan est celui qu'on exécute le mieux, non pas dans un cabinet, mais en rase campagne; le conseil aulique sait ce qu'il lui en a coûté, pour avoir fait tous ses plans dans les bureaux de Vienne, et son expérience doit mettre les écrivains, aussi bien que les généraux, en garde contre la valeur des projets qui semblent le plus admirables sur le papier. Enfin, il est à remarquer que les deux plans ne pouvaient se comparer; ils étaient excellents, selon le point de vue auquel on se plaçait. Si on voulait repousser sû_ rement et prudemment l'armée du général Kray, le projet de Moreau allait droit au but, l'événement l'a démontré. Si on voulait frapper un grand coup, conquérir la paix dans une bataille décisive, il fallait adopter le plan du Premier Consul, conçu dans ce but.

Nous avons dit que le général Bonaparte avait été contraint d'y renoncer. Voici, en effet, comme cela est arrivé : dans le courant du mois de mars, à l'époque où il écrivait à Moreau, « Je souhaite que les circonstances me permettent de venir vous donner un coup de main, » il fit appeler le général Desolle, chef d'état-major du général Moreau, esprit fin et conciliant, afin de vaincre par cet intermédiaire l'obstination de son chef. Le général Desolle, arrivé à Paris, crut devoir lui-même représenter au Premier Consul qu'il serait dangereux de vouloir imposer à Moreau un plan qu'il ne comprenait pas, et que le succès de la campagne pourrait être compromis, si le Premier Consul insistait. Devant cette objection, la discussion devait s'arrêter. Il ne restait plus d'autre parti à prendre que de retirer à Moreau le commandement d'une armée qui l'aimait, et qui comptait plus d'un ennemi du premier Consul, ou d'abandonner le projet de se porter sur le Rhin. Le général Bonaparte adopta sagement ce dernier parti; mais en même temps, il enleva au général Moreau le rôle principal, le réduisit à un rôle auxiliaire, et se décida alors, mais seulement alors, à se porter en

Lombardie ; c'est lui-même qui l'a déclaré au général Desolle dans ces termes : « Que Moreau fasse comme « il voudra, pourvu qu'il rejette le maréchal Kray sur « Ulm et Ratisbonne, et qu'ensuite il renvoie son aile « droite sur la Suisse. Le plan qu'il ne comprend pas, « qu'il n'ose pas exécuter, je vais l'exécuter, moi, sur « une autre partie du théâtre de la guerre; *ce qu'il* « *n'ose pas faire sur le Rhin, je vais le faire sur les* « *Alpes* (1). »

Peu de jours après cette conversation, le 25 mars, les Consuls prenaient un arrêté qui en était la conséquence, et qui enjoignait à Moreau le sacrifice d'une partie de son armée pour donner à celle d'Italie le moyen d'opérer avec plus de succès. On lui disait expressément que le but de ses opérations en Allemagne devait être de repousser l'ennemi en Bavière, de manière à lui intercepter la communication directe avec Milan, et que, dès l'instant que ce but serait accompli, il devrait détacher le quart de son armée, pour la réunir à l'armée de réserve de Dijon (2).

Quinze jours après, le même arrêté avait été communiqué au général Masséna.

---

(1) C'est à M. Thiers que nous devons le souvenir de cette conversation, dont il n'a pas apprécié comme nous le véritable sens. — Voy. *Histoire du Consulat*, p. 262.

(2) Voir l'arrêté aux documents, n° 4.

En présence de ces documents nombreux et dignes de l'attention de l'histoire, on reconnaîtra, sans doute avec nous, que le plan de campagne du Premier Consul n'était pas arrêté lorsqu'il forma son armée de réserve à Dijon, et qu'il a été conduit, par une sage appréciation des choses et des hommes, à prendre une résolution définitive dans les premiers jours du mois de mars.

C'est à dater de cette époque, seulement, que l'expédition, qui devait changer la face de l'Europe, a été combinée, que l'armée du Rhin a eu pour mission spéciale d'éloigner les Autrichiens de la Suisse, et de rendre libres tous les passages des Alpes, tandis que l'armée de réserve a été destinée à les franchir, à tomber à l'improviste sur les flancs des Autrichiens, avec un détachement considérable de l'armée du Rhin, et à conquérir la paix dans les plaines du Piémont.

Nous ne pouvons terminer cet exposé du plan de campagne du Premier Consul, sans rappeler que le général Berthier fut envoyé auprès du général Moreau, pour assurer l'exécution de l'arrêté qui lui enlevait une partie de ses meilleures troupes ; que le général Moreau refusa d'abord de consentir au démembrement de son armée ; qu'il demanda à conserver le corps du général Lecourbe jusqu'à ce qu'il eût réussi à rejeter le maréchal Kray sur Ulm, et que le Premier Consul fut obligé d'accepter cette transaction pour déterminer Moreau à détacher, vers les Alpes, les 20 ou

25,000 hommes dont il avait besoin pour assurer le succès de l'armée de réserve.

Enfin, pour donner à ces engagements, difficilement obtenus du général Moreau, un caractère plus inviolable, ils furent consignés dans une convention spéciale signée à Bâle, entre Moreau et le général Berthier, considéré officiellement comme général en chef de l'armée de réserve.

Tandis que le Premier Consul préparait en secret les éléments de la victoire, la coalition, livrée à une trompeuse sécurité, formait un plan d'invasion qu'elle croyait, au point de vue où elle s'était placée, bien près de réussir. Il consistait à tenir en échec les armées françaises sur le Rhin et en Suisse, à prendre une vigoureuse offensive en Italie, à enlever promptement à l'armée de Ligurie les positions qui lui restaient sur le littoral, depuis Gênes jusqu'à Nice, à se jeter sur la Provence et le Dauphiné, où l'on espérait donner la main à une insurrection formidable des populations du Midi, tandis que l'Angleterre, de son côté, débarquerait, sur les côtes de Bretagne et de Normandie, des armes et des troupes pour amener un nouveau soulèvement dans l'Ouest. Ces résultats obtenus, le maréchal Kray devait reprendre l'offensive et rejeter l'armée du Rhin en Alsace, où l'on comptait également sur le concours des troubles intérieurs.

Nous allons voir comment cette formidable invasion

a été repoussée par le concours le plus heureux des faveurs imprévues de la fortune, et des élans irrésistibles de l'audace. La devise de cette héroïque campagne pourrait être empruntée à un poëme épique :

Audaces fortuna juvat.

CHAPITRE V.

Commencement des hostilités en Ligurie. — Le général Mélas force la ligne des Apennins et sépare les généraux Suchet et Masséna. — Expédition de Masséna sur Savone, pour se relier avec Suchet. — Lutte mémorable mais inutile.—Masséna se renferme dans Gènes.— Le général Mélas se met à la poursuite de Suchet. — Le général Ott continue le siége de Gènes et livre un assaut général, mais il est repoussé avec perte.

Le général Mélas n'était pas resté inactif pendant ses quartiers d'hiver, il avait pris des mesures pour attaquer l'armée de Ligurie dès la fin de février, et lui enlever ses dernières positions ; une conspiration secrète devait lui en faciliter les moyens. Le général Assaretto, commandant de Savone, s'était entendu avec le général autrichien pour lui livrer cette place ; il comptait mener à fin cette trahison avec le secours de quatre cents hommes de la garnison dont il se croyait maître, et d'une insurrection de paysans des environs de Savone. A un jour donné, cette insurrection devait éclater; la partie de la garnison dont on ne pouvait répondre devait être envoyée pour apaiser les troubles, et, pendant ce temps, des troupes autrichiennes travesties se seraient présentées dans le port où elles auraient été reçues. Déjà un détachement du régiment de l'archiduc Joseph, destiné à cette expédition, avait été dirigé sur Livourne, d'où il devait venir sur des bâtiments anglais pour débarquer à Savone. D'un autre côté, les troupes autrichiennes, disséminées dans les places du Piémont, avaient été mises en mouvement, pour attaquer simultanément les positions de l'armée française sur toute la ligne.

Le succès de cette attaque imprévue paraissait d'autant mieux assuré, qu'à cette époque, le général Mélas ne devait trouver au delà des Apennins qu'une armée trop faible et trop [désorganisée, pour combattre les forces imposantes qu'il pouvait déployer contre elle. Tout semblait marcher vers l'accomplissement de ce projet, lorsque le général Zach, qui en avait été l'âme et l'agent, tomba gravement malade. En même temps, le 13 février, une immense quantité de neige couvrit les Apennins, et vint mettre obstacle aux communications entre le Piémont et la rivière de Gênes. Arrêté par cet incident inattendu et pressé par le colonel Radetzki, qui n'approuvait pas le projet du général Zach, le général Mélas contremanda l'expédition et tous les mouvements des troupes qui devaient y concourir (1). Le gé-

---

(1) Le colonel Radetzki n'est autre que le maréchal Radetzki, vainqueur de Novare. Cet officier, quoique bien jeune, partageait alors, avec le général Zach, la confiance du général Mélas.

néral Zach, qui était à Aoste, accourut pour ramener le général en chef à son projet, mais il n'était plus temps ; le mouvement des troupes s'opérait depuis trois jours en sens inverse ; on ne pouvait le contremander sans amener de l'encombrement et du désordre. Le projet fut donc abandonné; le général Assaretto, dénoncé par les indiscrétions des paysans, fut arrêté, mais il parvint à s'échapper avec quelques complices pendant qu'on le conduisait en France pour être jugé. Retardée par la chute des neiges, comme par la nécessité de combiner un nouveau plan d'attaque, l'entrée en campagne des Autrichiens, qui devait avoir lieu le 27 février, ne put se réaliser que dans les premiers jours d'avril. Nous verrons bientôt de quelle importance était, pour l'armée de réserve, ce répit d'un mois ; pour l'armée de Ligurie, c'était une question de vie et de mort.

Masséna, arrivé à Gênes le 10 février (21 pluviôse), n'aurait jamais eu le temps d'organiser une résistance sérieuse, s'il avait été attaqué le 27. Il était impossible, avec une armée dépourvue de tout, privée de vivres, de munitions, d'hôpitaux et même de généraux, de défendre un littoral de cinquante lieues, accessible par trois débouchés principaux : celui du col de Tende, qui donne accès vers Nice, celui de Cadibona, qui conduit à Savone, et celui de la Bochetta, qui touche, pour ainsi dire, aux faubourgs de Gênes. Il eût été bien difficile à une armée de 25,000 hommes, fût-elle mieux organisée et conduite par les chefs les plus intrépides, de disputer le passage des Apennins à une armée de 100,000 combattants; le Premier Consul l'avait compris; il avait prévu que le général autrichien réussirait à enfoncer sur quelque point une ligne de défense trop étendue pour une si faible armée, et il avait conseillé à Masséna de laisser à Nice quelques détachements seulement, afin de concentrer les quatre cinquièmes de ses forces près de Gênes, de résister à l'ennemi, s'il débouchait avec des forces considérables sur cette capitale ou sur Savone, et de menacer ses derrières avec un corps imposant, s'il tentait de s'avancer par Nice vers la frontière du Var.

Ce plan de campagne lui-même, qui semblait assez bien combiné pour suppléer à la faiblesse de l'armée de Ligurie, ne pouvait être suivi que dans le cas où Masséna aurait eu le temps et les moyens de rassembler dans la ville de Gênes les approvisionnements nécessaires à une concentration de son armée, mais la neige, qui avait retenu l'ennemi pendant quelques semaines, avait disparu au commencement d'avril, et les Autrichiens, qui n'attendaient que ce moment pour entrer en campagne, ne laissèrent pas au général français le temps d'achever ses dispositions. Il fut attaqué lorsqu'il avait à peine réuni 7 à 8,000 hommes, sous le général Miollis, pour la défense de la ville de Gênes, 10 à 12,000 hommes, sous le général Soult, pour garder les défilés de la Bochetta et de Cadibona; enfin, 13 à 14,000 hommes, sous le général Suchet, pour occuper le col de Tende et le littoral depuis Savone jusqu'à Nice. C'était déjà beaucoup d'avoir pu réunir, dans les premiers jours d'avril, cet effectif d'environ 30,000 combattants, là où, le 10 février, il n'y avait pour ainsi dire ni soldats, ni distributions de vivres, ni discipline, ni munitions, ni solde, ni généraux.

Le baron de Mélas avait adopté le plan déjà pressenti par le Premier Consul; il avait réuni un corps de troupes considérable pour forcer la chaîne des Apennins sur les points les plus rapprochés de Gênes; le 5 avril, de fortes reconnaissances avaient été poussées sur les positions les plus avancées de l'armée française dans les défilés de la Bochetta et de Cadibona. Le lendemain 6, l'attaque avait été engagée sur toute la ligne, depuis Savone jusqu'à la frontière de Toscane.

Le général Ott, à la tête de 10,000 hommes, remontant la Trebbia jusqu'aux positions les plus rapprochées de Gênes au levant, avait repoussé partout nos avant-postes, et, soutenu par les paysans soulevés dans ces montagnes, il s'était emparé de *Monte-Facio*, et était venu, sur les premiers revers des Apennins, montrer les couleurs de l'Autriche aux Génois effrayés.

Le Prince Hohenzollern, chargé de forcer le passage de la Bochetta, avec 10,000 hommes, avait été moins heureux dans cette tentative. Après avoir enlevé la position de Ronciglione à la division Gazan, il en avait été chassé à son tour.

Mais le grand effort du général Mélas avait été dirigé vers le défilé de Cadibona, d'où il voulait descendre sur Savone, pour enfermer le centre de l'armée française et la couper en deux. Le feld-maréchal, qui dirigeait en personne cette attaque, avait réuni 25,000 hommes pour en assurer le succès.

Le général Soult accourut sur ce point, afin de venir soutenir une division de 4,000 hommes, qui occupait le défilé, et, grâce aux plus courageux efforts, il parvint à en disputer le passage pendant plusieurs heures. Mais l'intrépidité des Autrichiens, qui enlevèrent à la baïonnette les retranchements de la Cadibona, les manœuvres que la supériorité du nombre leur permit de faire, pour envelopper nos faibles divisions, forcèrent enfin le général Soult à se replier sur Savone, où l'ennemi entra en même temps que notre arrière-garde. La nuit seule mit fin à cette lutte acharnée et le général français dut en profiter pour évacuer la ville, à deux heures du matin, après avoir jeté dans la citadelle 600 hommes de la 93me demi-brigade. Il ne put lui-même se retirer sur Gênes, qu'en s'ouvrant, l'épée à la main, la route déjà occupée par les Autrichiens, sur les hauteurs d'Albisola.

Le général Suchet, qui s'était avancé jusqu'à Vado, pour se lier à la gauche du général Soult, fut attaqué par le général Elsnitz, dans les positions de Saint-Jacques et de Settepani, qu'il perdit et reperdit plusieurs fois ; mais enveloppé à son tour par des forces supérieures, il fut obligé de se replier sur la route de Nice, jusqu'à Borghetto.

Le but du général Mélas semblait atteint, l'armée de Ligurie était coupée en deux ; 12,000 hommes étaient rejetés sur Nice, et 18,000 dans Gènes ; cependant il devait livrer encore plus d'un combat avant de forcer l'intrépide Masséna à subir cette séparation et à se laisser investir.

L'étendue de la ville de Gènes, le développement de ses fortifications venaient heureusement au secours du général français.

Assise au bord de la mer, cette ville s'élève en amphithéâtre sur les premiers contreforts de l'Apennin. Sa forme représente un triangle isocèle, dont le port est la base. Dominée par toutes les hauteurs qui l'environnent, elle n'a pu se fortifier qu'en les renfermant dans son sein. Il n'a pas fallu moins de 42 ans pour achever cette immense entreprise. Une enceinte extérieure, partant des deux bases du triangle, se relie au sommet par neuf fronts principaux. A l'ouest, près de la batterie de mer, s'élève le fort de la Lanterne ; plus loin, en remontant l'Apennin, l'enceinte est inaccessible jusqu'au fort de l'Eperon, qui en occupe le sommet et et qui est réputé la clef de la place ; à l'est, en descendant vers la mer, on trouve les forts de Castellajo, de Saint-Bartholoméo, de Zerbino, de la porte Romaine et de Carignan. Le côté sud, celui de la mer, est garni d'un parapet, depuis la porte de la Lanterne jusqu'à celle de Saint-Thomas, et de là jusqu'au fort de Carignan, règne une muraille crénelée, de trois pieds d'épaisseur.

En avant de cette enceinte, et sur les premiers contreforts des Apennins, s'élèvent encore plusieurs forts détachés : celui de la Tenaille et du Degato sur le front de l'ouest, les trois forts de Sainte-Thècle, de Quezzi et de Richelieu sur le front de l'est. Enfin, une enceinte intérieure, irrégulièrement bastionnée, couvre immédiatement la ville de Gênes.

L'enceinte extérieure n'exige pas moins de 250 bouches à feu pour son armement; on ne peut en approcher par des travaux réguliers qu'au sud-est, sur les hauteurs d'Albaro. Les forts du Diamant et de l'Eperon sont à l'abri de toute attaque régulière, l'escalade même est impossible. Enfin, deux petites rivières, celle du Bisagno au levant et celle de la Polcevera à droite, baignent les deux côtés de cette vaste enceinte.

Masséna, surpris en quelque sorte par l'attaque du 6 avril, résolut dès le lendemain d'enlever aux Autrichiens les avantages qu'ils avaient obtenus. Il fallait à tout prix réparer un échec qui pouvait affaiblir le courage à peine ranimé de ses troupes, et retarder un investissement qui devait faire peser sur la ville toutes les rigueurs d'un siége.

Dès le 7, à la pointe du jour, deux colonnes, sous les ordres des généraux Miollis et Darnaud, sortirent pour reprendre à la vue des Génois les positions que les Autrichiens avaient enlevées la veille. Cette attaque, dirigée par Masséna lui-même avec autant de vigueur que d'intelligence, obtint un succès décisif; les Autrichiens et les insurgés furent obligés d'abandonner le *Monte-Facio,* en laissant au pouvoir des Français 1500 prisonniers, parmi lesquels se trouvait le baron d'Aspre, chef de l'insurrection des paysans et l'un des officiers les plus distingués de l'armée impériale. Cette brillante affaire produisit sur l'esprit des Génois l'effet qu'avait espéré le général en chef ; à son retour à Gênes, il fut salué des plus vives acclamations.

Mais ce n'était pas assez d'avoir vengé l'échec du général Miollis à Monte-Facio, Masséna voulait encore rétablir ses communications avec le général Suchet. En conséquence, le 8, sans laisser refroidir un seul jour l'ardeur de ses troupes et la confiance des Génois, il se porta sur Savone avec deux divisions de 5,000 hommes chacune, laissant au général Miollis 8,00 hommes pour garder les approches de Gênes et faire le service de la place.

De son côté, le général Mélas avait choisi le même jour pour se porter contre Gênes et se réunir au corps d'Hohenzollern, qui avait ordre de renouveler ses attaques au passage de la Bochetta.

Cette agression simultanée de deux armées marchant à la rencontre l'une de l'autre, dans un pays de montagnes, a donné lieu à des surprises, dont le récit ne saurait manquer d'une certaine confusion. Il serait difficile de suivre, sur la carte la plus détaillée, tous ces mouvements de troupes à travers les accidents de terrain d'un champ de bataille qui se déplaçait d'heure en heure, où l'on se battait au milieu des neiges, où l'on se cherchait à travers d'épais brouillards, où l'on ne s'apercevait qu'à la portée du sabre et de la baïonnette, et où les ordres des généraux en chef ne parvenaient que lorsqu'il était trop tard pour les exécuter. On ferait plus facilement un poëme épique qu'une description exacte et saisissable de cette lutte acharnée de 10,000 hommes contre 50,000. Ce qu'il importe de remarquer, c'est qu'elle a duré dix jours, c'est que Masséna et ses lieutenants, suivis de soldats épuisés, souvent privés de munitions, ont su trouver les plus courageuses inspirations pour échapper à des périls toujours renaissants, et faire subir plusieurs désastres à un ennemi supérieur en nombre et pourvu d'inépuisables ressources. Un jour, on a vu le colonel Mouton, à la tête de quelques compagnies, surprendre et enlever 600 prisonniers; le lendemain, une attaque plus impétueuse de cet intrépide officier a séparé le colonel Saint-Julien du centre de l'armée autrichienne, et l'a forcé à se retirer précipitamment, en laissant au général Soult 2,000 prisonniers et sept drapeaux. Partout s'est déployée cette supériorité de l'officier et du soldat français, habiles entre tous à triompher des difficultés imprévues, à suppléer à l'absence souvent inévitable des chefs supérieurs, à deviner ce qu'ils auraient prescrit, et à l'exécuter sans hésitation. Toutes les armées peuvent rivaliser aujourd'hui de courage et de discipline, la science militaire est partout au même niveau ; mais le génie de l'improvisation donnera toujours aux officiers français un avantage sur tous leurs rivaux ; c'est pour avoir apprécié cette aptitude et y avoir donné libre carrière, que Napoléon a fait tant de prodiges avec les soldats français. En un mot, c'est pour avoir été le plus digne de les comprendre qu'il a été le plus digne de les commander.

Cependant les munitions et les forces étant épuisées dans cette lutte inégale, il fallait songer à la retraite ; le général Soult s'y détermina quand il ne lui resta plus que trois cartouches par homme ; mais alors la mêlée devint plus terrible encore ; il fallut combattre la nuit, la torche à la main, pour se frayer un passage ; les prisonniers autrichiens, que les Français emmenaient avec eux, se révoltaient contre leurs faibles escortes ; et, sans les secours envoyés par Miollis au-devant de Masséna, il se voyait enlever les plus beaux trophées de sa victoire.

De son côté, le général Suchet avait reçu l'ordre de

concourir, autant qu'il dépendait de lui, aux efforts du général en chef pour rejoindre son corps d'armée ; il avait attaqué Elsnitz près de Finale, envahi les redoutes, et fait 1400 prisonniers. Il s'était porté ensuite sur San-Giacomo pour enlever cette position, d'où il serait facilement descendu à Savone ; mais là, il avait rencontré une résistance insurmontable, et il avait dû se retirer non sans laisser les flancs de la montagne couverts de morts et de blessés.

Le général Mélas avait donc atteint son but ; l'armée de Ligurie était définitivement coupée en deux. Masséna, au contraire, avait échoué dans sa courageuse tentative ; s'il avait pu mettre 6,000 Autrichiens hors de combat, ramener dans Gènes 4,000 prisonniers, et, vaincu, rentrer dans son camp couvert des dépouilles du vainqueur, malheureusement les Français eux-mêmes avaient perdu environ 7,000 hommes, et ce qui eût été une victoire pour une armée en position d'être secourue et ravitaillée, était un véritable désastre pour l'armée de Ligurie. Masséna comprit bien qu'abandonné dans Gènes à ses propres forces, il ne pouvait plus rien tenter contre un ennemi plus nombreux, pourvu de munitions et de vivres en abondance. Il eut un moment l'idée de renouveler l'expédition du 10 avril avec l'élite de ses troupes, de faire une trouée pour aller rejoindre sa gauche, et, réuni à elle, de revenir sur Gènes. Les

CHAPITRE V. 75

ordres avaient été donnés pour cette audacieuse tentative, mais la nouvelle de la retraite de Suchet ne permit pas de la mettre à exécution.

Dès ce moment Masséna dut se résigner à la défensive; mais il résolut, en même temps, de n'abandonner Gênes qu'à la dernière extrémité. Il s'appliqua à fortifier toutes les positions ; la garde nationale elle-même fut appelée à la défense des forts ; des mesures furent prises pour attirer des subsistances dans la place et en surveiller l'emploi.

Afin de conserver sur la population l'ascendant sans lequel sa résolution eût été vaine, il allégea, autant que possible, les maux de la guerre qu'une impérieuse nécessité le forçait de faire peser sur la ville. Le respect des propriétés fut particulièrement garanti. Quelques pillages et voies de fait ayant eu lieu dans les villages environnants, il saisit cette occasion de faire un exemple. Il ordonna que les effets seraient restitués, les auteurs du délit arrêtés et traduits devant une commission militaire, les officiers commandant les compagnies cantonnées dans ces villages, mis aux arrêts forcés et destitués dans les 24 heures, s'ils n'avaient pas trouvé et désigné les coupables.

Dans la matinée du 24 avril, un parlementaire anglais entra dans le port de Gênes, apportant au général Masséna une sommation rédigée dans la forme la plus honorable. Le général répondit qu'il défendrait la place jusqu'à la dernière extrémité, et ne craignit pas d'annoncer cette résolution à la population génoise.

Une heureuse nouvelle arriva dans ce moment ; le Premier Consul venait d'écrire à Masséna pour lui révéler son projet de franchir les Alpes ; c'était l'événement le plus propre à électriser les troupes et à rassurer la population ; il fut le sujet d'une proclamation datée du 25 avril :

« Suchet, disait-elle, va recevoir des renforts ; les
« armées du Rhin et de réserve ont dû se mettre en
« mouvement du 1ᵉʳ au 10 avril ; celle du Rhin est forte
« de 150,000 hommes ; celle de réserve de 70,000 ;
« l'armée de réserve entre en Italie par la vallée
« d'Aoste. Le mont Cenis est repris par nos troupes.

« Habitants de la ville de Gênes, l'armée d'Italie,
« ferme dans la résolution de vous défendre, voit ap-
« procher l'époque de votre délivrance. Persévérez
« avec elle, avant 15 jours l'ennemi aura évacué la
« Ligurie. »

Cet avis aurait dû éclairer le général Mélas et rappeler sa principale attention du côté des Alpes ; mais il refusa de croire à une armée de réserve, et s'enfonça de plus en plus dans les Apennins. Le 28 avril, il partit pour achever avec le général Elsnitz la conquête de la rivière du Ponent jusqu'au Var, laissant au général Ott le soin de réduire la garnison de Gênes avec 25 à 30,000 hommes de troupes d'élite.

CHAPITRE V.

Le 30, à deux heures du matin, le nouveau commandant en chef, impatient de justifier la confiance du général Mélas, livra un assaut général. L'action qui avait débuté aux avant-postes des *Deux-Frères*, s'étendit d'heure en heure à toutes les positions de la place. A 9 heures le village d'Albaro, situé sous le fort de Saint-Thècle, était enlevé, le faubourg de Saint-Pierre d'Arena canonné de près, les forts du Diamant et de l'Eperon investis et sommés de se rendre. Pendant ces opérations, la flotte anglaise, qui rasait les côtes, n'avait cessé de tirer sur la ville.

Il était 2 heures, la perte des assiégés semblait irréparable ; mais l'invincible Masséna, persuadé qu'il lui restait assez de temps pour regagner le terrain perdu, se porta lui-même avec ses réserves au secours du général Miollis sur Albaro et Quezzi, tandis que le général Soult s'avança pour reconquérir la position des *Deux-Frères*. Cette double attaque, dirigée avec l'intelligence et l'élan du désespoir, réussit complétement ; partout, les Autrichiens furent forcés de battre en retraite ; ils abandonnèrent successivement le fort de Quezzi, le village d'Albaro et les *Deux-Frères*, étonnés d'avoir perdu si promptement toutes les positions qu'ils avaient si courageusement enlevées.

Cette journée pendant laquelle les assiégeants, tour à tour vainqueurs et vaincus, perdirent plus de 4,000 hommes, dont 1,000 prisonniers, fut la plus brillante du blocus; elle releva encore une fois les esprits abattus, et permit à Masséna de prolonger, plus longtemps qu'on ne devait le supposer, cette résistance héroïque qui tenait en échec, sous les murs de Gènes, l'élite de l'armée autrichienne, et devait faciliter au général Bonaparte la périlleuse expédition du Saint-Bernard. Le jour où Masséna remportait cette précieuse victoire, l'armée du Rhin s'ébranlait pour entrer en campagne.

Le moment est venu de passer de l'autre côté des Alpes, et de rejoindre le général Moreau, pour bien comprendre la suite des événements. Lorsqu'il aura réduit à l'impuissance l'armée du maréchal Kray, et donné au plan du Premier Consul le concours qui lui avait été demandé, nous pourrons le quitter à son tour, afin de venir accompagner l'armée de réserve dans sa glorieuse entreprise.

CHAPITRE VI.

Opérations de l'armée du Rhin. — Passage de ce fleuve. — Batailles d'Engen et de Stockach. — Retraite du maréchal Kray. — Batailles de Mœskirch et de Biberach. — Combat de Memmingen. — Le maréchal Kray se retire dans le camp retranché d'Ulm. — L'armée du Rhin envoie un détachement à l'armée de réserve.

Le rôle assigné au général Moreau était, comme celui de Masséna, d'assurer le succès des opérations de l'armée de réserve. La situation critique de l'armée de Ligurie, la nécessité de franchir les Alpes pour voler à son secours, l'impossibilité de réaliser ce plan avant que Moreau eût rejeté les Autrichiens sur l'Inn, avaient engagé le Gouvernement consulaire à décider que l'armée du Rhin entrerait en campagne du 15 au 20 avril; mais le général Moreau n'était pas prêt; les dispositions qu'il avait dû prendre pour assurer le passage du Rhin n'étaient pas encore achevées.

Ce retard a été vivement critiqué et rejeté sur la lenteur ordinaire du général Moreau. Sans examiner ici jusqu'à quel point il dépendait de ce général de hâter son entrée en campagne, on peut du moins affirmer ici que l'armée du Rhin, ainsi qu'on le verra dans le chapitre suivant, n'a pas fait perdre une heure à l'armée de réserve, et qu'en rejetant les Autrichiens dix jours plus tôt sur le Danube, le général Moreau n'eût pas hâté d'une heure le passage du Saint-Bernard.

L'armée française était divisée en trois corps : la gauche, forte de 18,000 hommes, aux ordres du général Sainte-Suzanne, occupait Strasbourg et le camp de Kehl; le centre, d'environ 30,000 hommes sous les ordres du général Gouvion-Saint-Cyr, gardait le pont de Vieux-Brisach ; la droite, d'environ 29,000 hommes, commandée par le général Lecourbe, occupait la ligne du Rhin helvétique, depuis Lauffenbourg jusqu'à Ragatz, et se liait à la division Montchoisy, exclusivement chargée de la défense de la Suisse et des débouchés des Alpes valaisanes.

Un quatrième corps, devant servir de réserve, était placé sous les ordres directs du général en chef; il comptait 26,000 combattants, occupait Bâle, et se liait d'un côté à la droite et de l'autre au centre.

Le maréchal Kray, dont l'armée avait été renforcée, occupait à peu près les mêmes positions qu'à la fin de la dernière campagne. La droite, qui comptait environ 16,000 hommes, sous les ordres du général Stanay, avait son quartier général à Heidelberg, et occupait la rive droite du Rhin jusqu'à la Renchen.

CHAPITRE VI.

Le général Kienmayer, avec 15,000 hommes, occupait Fribourg, observait Vieux-Brisach et gardait tous les débouchés entre Renchen et le Val d'Enfer.

Le corps de bataille, fort de 40,000 combattants, ayant sa réserve à Stockach, campait aux environs de Donaueschingen ; trois avant-gardes le couvraient, celle de l'archiduc Ferdinand gardant la route de Bâle et le Rhin jusqu'à Schaffouse ; celle du prince de Lorraine et celle du général Sporck bordant le Rhin jusqu'à Constance. L'aile gauche, commandée par le prince de Reuss, était forte de 26 bataillons et 12 escadrons, non compris 8 à 10,000 hommes de milices du Tyrol et du Vorarlberg; elle occupait les Grisons et le Rheinthal, se liant au reste de l'armée par la rive septentrionale du lac de Constance, et à la Lombardie par la brigade Dedovich, cantonnée au pied des Alpes. Enfin, une flottille, armée par l'Anglais Williams, couvrait le lac de Constance.

Ainsi, d'une part, les forces actives du général Moreau, concentrées en Alsace, s'élevaient à 103,000 hommes, dont 14,000 de cavalerie et 4,000 d'artillerie, non compris les garnisons d'Alsace et celles de Suisse, qui comptaient environ 32,0000 hommes.

L'armée du général Kray s'élevait à 140,000 hommes, dont 25,000 de cavalerie et 4,000 d'artillerie ; mais elle était répandue sur un terrain beaucoup trop vaste, et la position de l'aile gauche en Tyrol était trop excentrique pour permettre une prompte concentration de toutes les forces du général autrichien.

Nous avons dit quel.était le projet du général Moreau; moins hardi que celui de Bonaparte, il convenait mieux à la mission définitivement assignée à l'armée du Rhin. Il était d'ailleurs justement motivé par la situation de l'ennemi. Le maréchal Kray, obligé d'observer en même temps les trois passages que l'armée française avait à sa disposition, ne pouvait les garder tous avec un égal succès si le général français réussissait à attirer son attention sur un de ces passages, et, se dérobant tout à coup, venait, par une marche forcée et masquée derrière le Rhin, l'attaquer avec vigueur sur un point dégarni.

L'ordre de franchir le Rhin sur toute la ligne fut donné le 28. La gauche de l'armée française passa sur le pont de Kehl, se porta rapidement en avant, attaqua avec vivacité la droite de l'armée autrichienne à l'entrée de la vallée de la Kinzig, et la força de se replier sur Offenbourg. (Voyez la carte n° 2.)

Le même jour, le général Gouvion-Saint-Cyr passa le Rhin à Vieux-Brisach avec 20,000 hommes; s'empara de Fribourg mal défendu par les avant-postes du général Giulay, s'y établit en développant sa gauche du côté de la Kinzig comme pour donner la main au général Sainte-Suzanne qui venait de Kehl. Menacé sur sa droite par cette attaque simulée, le maréchal Kray tomba dans le piége qui lui était tendu, et pensa que le projet de Moreau était de forcer les vals d'Enfer et de la Kinzig pour gagner les sources du Danube. En conséquence, il n'hésita pas à appeler des forces considérables sur ce point, et à dégarnir son centre et sa réserve pour donner au général Starray les moyens de repousser l'ennemi. Le 29, ce général reprit en effet l'offensive, et suivit jusqu'au pont de Kehl la retraite du général Sainte-Suzanne, dans la conviction qu'il repoussait un corps d'armée tout entier; mais il n'avait eu à faire qu'à l'arrière-garde de l'aile gauche des Français ; déjà Sainte-Suzanne avait repassé le pont de Kehl, remonté la rive gauche à marche forcée jusqu'à Vieux-Brisach, et venant soutenir à Fribourg l'attaque du général Gouvion-Saint-Cyr, avait permis à celui-ci de se porter en avant sur la route de Saint-Blaise.

Le même jour, le général Moreau profitant des manœuvres de ses deux généraux de l'aile gauche et du centre, déboucha de Bâle avec sa réserve, et vint s'établir entre Lauffenbourg et Schœnau.

Averti par les mouvements du général Gouvion-Saint-Cyr, que l'attaque sérieuse de l'ennemi s'adressait à son centre, le maréchal Kray y rappela aussitôt les détachements qu'il avait envoyés au secours de sa droite ; mais il fit la faute de laisser le corps du général Starray tout entier en observation sur des points abandonnés par l'ennemi, de telle sorte que le centre et les réserves de l'armée autrichienne se trouvèrent seules pour soutenir le choc, que le centre, la gauche et la réserve de l'armée française, réunies sur un même point, se préparaient à lui livrer. Dans cette situation, la défaite du général Kray était inévitable, car son aile gauche était, comme son aile droite, trop éloignée pour arriver à son aide dans le moment décisif.

Les journées du 29 et du 30 furent employées par Moreau à fortifier sa ligne d'attaque, et à attendre la jonction du général Lecourbe, qui devait franchir le Rhin, entre Constance et Schaffouse, à la hauteur où se trouvait déjà le général Moreau. Ce passage, exécuté de vive force et par surprise, sur deux points auprès de Richlingen et de Paradies, rencontra peu de résistance, le Rhin n'étant occupé, dans cette partie, que par les avant-gardes du prince de Lorraine. Avant midi, 20,000 hommes étaient rassemblés sur la rive droite, et, chassant devant eux les faibles détachements qui étaient dispersés dans ces positions, se portaient en avant sur les routes d'Engen et de Stockach pour se réunir au général en chef, qui opérait dans la même direction. Le fort de Hohentwiel, qui domine la plaine, entre Schaffouse et Engen, était enlevé par le général Vandamme, et, le soir même, la jonction du général Lecourbe avec le général Moreau avait lieu sur ce point.

Profitant aussitôt de l'avantage de sa situation, Moreau donna au général Lecourbe l'ordre de se porter sur Stockach, le 3 mai, à la pointe du jour, pour couper la gauche de l'ennemi et la rejeter sur Constance, pendant qu'il marcherait lui-même sur Engen ; attaqué par 25,000 hommes du général Lecourbe, le prince de Lorraine, qui n'avait sur ce point que 9,000 hommes, ne résista pas longtemps aux efforts du général français, et se retira sur Stockach, afin de ne pas livrer sans combat cette importante position ; mais le général Lecourbe assaillit et enveloppa si promptement les Autrichiens, que le corps du prince de Lorraine, enfoncé de toutes parts, eut peine à se retirer sur les routes de Mœskirch et Pflullendorf, laissant au pouvoir des Français 3 à 4,000 prisonniers, 500 chevaux, 8 pièces de canon et les immenses magasins de Stockach. Le succès de notre gauche était complet.

Sur ces entrefaites, le maréchal Kray, qui s'était porté dans la direction de Stockach, afin de couvrir ses magasins, arrivait à Engen, et, ignorant la défaite du prince de Lorraine, se décidait à laisser prendre quelques heures de repos à ses troupes, pendant que le général Nauendorf s'avançait dans la direction de Stockach pour reconnaître la position des Français. Ce général ne tarda pas à rencontrer la division Lorges et la division Bastoul qui l'assaillirent de front, en même temps que la division Delmas manœuvrait pour tourner sa gauche; Nauendorf, menacé sur ses flancs, voulut se replier en bon ordre sur Welsch-Engen ; mais, vivement poursuivi par des forces supérieures, il fut contraint de lâcher pied, et ne put se rallier que derrière ce village, laissant un certain nombre de prisonniers au pouvoir des Français.

Il était midi, la bataille était engagée ; le maréchal Kray espéra encore pouvoir la soutenir avec avantage sur un terrain semé de villages, coupé de bois, et dominé par la position qu'il occupait encore, entre autres le pic d'Hohenhowen qui s'élève au milieu du plateau d'Engen.

Dans cette seconde bataille, tout indépendante de celle que Lecourbe livrait à Stockach, la victoire fut vivement disputée.

Le général Moreau manœuvra sur sa gauche pour envelopper Engen, du côté du nord, en même temps qu'il poursuivait de front ses premiers succès sur Welschengen. Mais le maréchal Kray, maître du pic de Hohenhowen, rassembla son infanterie derrière cet abri, et, pour mieux la protéger, déploya sa cavalerie dans la plaine au-devant de l'infanterie française ; la position était forte, et la résistance y fut longue. Le maréchal Kray tenta même, vers 6 heures du soir, de se porter en avant sur le village de Welschengen pour couper la ligne française par une vigoureuse attaque.

Cette manœuvre eut d'abord quelque succès ; les dragons de Latour pénétrèrent dans le village ; mais le général Moreau rappela aussitôt l'attention du maréchal Kray sur son flanc gauche par une vive attaque du village de Singen. Ici, le combat fut très-vif, et le succès longtemps balancé ; le village fut pris et repris ; le général Moreau fut obligé de se mettre lui-même à la tête de quatre compagnies pour y rentrer. La nuit approchait et la victoire semblait encore indécise, mais le général Saint-Cyr, qui avait attaqué à plusieurs reprises la position de Hohenhowen, venait enfin de l'enlever après un combat opiniâtre. Le général Moreau put se porter en avant pour forcer la position d'Engen. Le général Kray s'y défendit encore jusqu'à dix heures du soir ; mais ses deux ailes étaient rompues, sa retraite était forcée et il dut s'estimer heureux de la faire en bon ordre, du côté de Moeskirch, où le prince de Lorraine s'était retiré le premier.

Dans cette mémorable lutte, qui avait commencé au point du jour et finit longtemps après le coucher du soleil, les Autrichiens avaient vendu chèrement la victoire aux Français ; 2 ou 3,000 hommes étaient, de part et d'autre, restés sur le champ de bataille. Le général Moreau n'avait eu l'avantage que par le nombre des prisonniers tombés en son pouvoir, environ 5 à 6,000 hommes et plusieurs pièces de canon. Néanmoins, les résultats de cette journée étaient décisifs pour l'armée française ; dans le court espace de cinq jours, elle avait franchi le Rhin en face d'une armée formidable, forcé ses principales positions, et enlevé des magasins considérables.

Le général Moreau devait ces premiers avantages aux

manœuvres habiles qui avaient isolé le maréchal Kray d'une partie de ses forces ; il importait de le poursuivre avant que les généraux Kienmayer et Starray ne l'eussent rejoint, et de le rejeter de plus en plus vers la Bavière pour couper toutes ses communications avec son aile droite et l'Italie. Dans ce but, le général Moreau fit avancer le général Lecourbe à la rencontre de l'ennemi, et manœuvra lui-même vers sa droite pour la soutenir avec ses réserves.

Le maréchal Kray ayant profité de la nuit pour se retirer sur Moeskirch, avait pris position sur le plateau élevé de Krumbach, qui est protégé par un ravin profond et accessible par une seule chaussée resserrée entre deux bois. La division Montrichard s'avançant sur cette chaussée eut beaucoup à souffrir au débouché de la forêt ; toute l'artillerie française fut démontée par celle de l'ennemi qui la dominait du plateau de Krumbach ; cependant les Français se développèrent intrépidement à découvert et rejetèrent sur Moeskirch le centre de la ligne autrichienne. En même temps la division Vandamme, qui s'était portée sur la droite, déborda la gauche de l'ennemi, et la força à se replier sur le centre. Enfin, notre division de gauche s'avança à l'attaque du village de Heudorf qui dominait toute la position. Ici, la lutte fut plus acharnée ; le village fut pris et repris plusieurs fois. Le maréchal Kray essaya de déborder notre gauche et d'enfoncer notre centre en lançant successivement toutes ses réserves contre nous ; mais le général Moreau, ramenant à son tour de nouvelles divisions au combat, déjoua tous les projets de l'ennemi, et le força à abandonner presque tout le champ de bataille. Le combat avait duré jusqu'à la nuit, et les deux armées étaient si excédées de fatigue qu'elles s'arrêtèrent pour bivouaquer aux lieux mêmes où la nuit vint les surprendre.

Le lendemain, le maréchal Kray, qui avait fait des pertes considérables, crut prudent de se retirer sur Sigmaringen, et de passer sur la rive gauche du Danube; il rencontra, au moment où il effectuait ce passage, le général Saint-Cyr, qui s'était trouvé la veille trop loin pour prendre part à la bataille de Moeskirch, et qui voulut l'attaquer à son tour et lui couper la retraite malgré l'infériorité de ses forces ; mais l'artillerie autrichienne, ayant déjà franchi le fleuve, démasqua une batterie formidable qui imposa silence à celle du général Saint-Cyr, et le força d'abandonner son projet. Le maréchal Kray acheva, sans coup férir, le passage du Danube, et rallia le général Kienmayer qui venait à lui des bords du Rhin. Fortifié par ce concours, le général autrichien conçut l'espoir de prendre une revanche des deux défaites qu'il venait d'essuyer. Dans la nuit du 7 au 8, il repassa le Danube pour occuper la ligne de la Reuss, et attendre le général Moreau sur les hauteurs qui se trouvent en arrière de la petite ville de Biberach, la gauche à Umendorf, et la droite sur le plateau du Mettenberg, dans une position non moins forte que celle de Moeskirch. Toutefois, le maréchal Kray, dont les magasins étaient à Biberach, se vit obligé de détacher une forte avant-garde pour protéger cette ville qui se trouvait en avant de la ligne de bataille; cette faute devait lui être funeste.

Le général Saint-Cyr, sans attendre le général Moreau, qui était allé passer en revue le corps de Sainte-Suzanne, arrivé le même jour à la suite du général Kienmayer, se jeta rapidement sur le corps autrichien qui défendait Biberach, le culbuta, et l'eût anéanti si le maréchal Kray n'était arrivé avec des troupes fraîches pour protéger la retraite de ce corps. Pendant que le général Saint-Cyr entrait pêle-mêle avec l'ennemi dans Biberach, le général Richepanse s'était porté sur la droite, et avait gravi le plateau du Mettenberg en débordant la gauche des Autrichiens. Saint-Cyr s'était précipité à son tour sur le centre, et avait également franchi les pentes du Mettenberg sous le feu des Autrichiens. Le maréchal Kray ne put résister à ces attaques impétueuses, et se replia en désordre sur Ochsenhausen et Memmingen, abandonnant aux Français 2,000 prisonniers.

En se retirant, le général autrichien avait ordonné au prince Charles de Lorraine de faire tous ses efforts pour évacuer les magasins de Memmingen, qu'il aurait vainement essayé de défendre contre notre armée victorieuse ; mais le général Moreau ne lui laissa pas le temps d'effectuer ce projet ; il ordonna au général Lecourbe de s'emparer de Memmingen avant que l'ennemi n'eût repris bonne contenance. La division Montrichard força avec intrépidité le passage de l'Iller, tandis que Lecourbe, bravant le feu de 30 pièces de canon qui défendaient le plateau de Memmingen, refoula les Autrichiens qui s'y étaient établis, leur enleva 1800 prisonniers, et pénétra dans Memmingen au moment où l'arrière-garde des Autrichiens l'abandonnait. Cette action vive et meurtrière eut lieu le 10 mai, et détermina le général autrichien à se replier sous le canon d'Ulm.

Le principal but des opérations du général Moreau était atteint ; il avait resserré l'armée impériale entre le bas Lech et le Danube, l'avait séparée du Tyrol et des 20,000 homme que le prince de Reuss y commandait, lui avait enlevé ses principaux magasins, et l'avait rendue impuissante à entreprendre une diversion en Italie. L'armée française, au contraire, maîtresse de la Basse-Souabe, et de tout le pays jusqu'à la Suisse et au Tyrol, était dans l'abondance ; toutes les ressources rassemblées à grands frais par l'ennemi étaient entre ses mains.

Mais le moment était arrivé de détacher le corps de 15 à 20,000 hommes que les consuls avaient résolu de réunir à l'armée de réserve, et le ministre de la guerre était venu lui-même pour assurer et surveiller la prompte expédition de ce détachement. Le général Moreau se résigna à ce sacrifice; mais il demanda et obtint qu'on lui laissât le général Lecourbe, qui, par son intrépidité et sa connaissance du théâtre de la guerre valait plusieurs mille hommes. Le général Lorges fut chargé de conduire le corps détaché au général Moncey, qui devait lui-même le diriger à travers les Alpes pour le réunir à l'armée de réserve.

Déjà, l'armée du Rhin avait perdu environ 13,000 hommes, dont 6 à 7,000 blessés depuis l'ouverture de la campagne; elle se trouvait donc affaiblie de plus de 30,000 hommes et réduite à environ 80,000.

Privé d'une partie si notable de ses forces, au moment où le maréchal Kray venait de se placer sous la protection d'un camp retranché, le général Moreau était obligé de se conduire avec plus de lenteur et de circonspection, afin de conserver tous les avantages de l'offensive qu'il avait si heureusement soutenue jusque-là.

L'armée de réserve, au contraire, couverte par le succès de l'armée du Rhin, et fortifiée par le secours qui en était détaché, allait se trouver en mesure d'entrer en campagne et de remplir la glorieuse mission qui lui était destinée. C'est donc vers cette armée que nous appelle l'enchaînement des événements militaires, et que nous devons conduire le lecteur.

CHAPITRE VII.

Préparatifs pour le passage des Alpes. — Les circonstances militaires déterminent le choix du Saint-Bernard. — L'armée de réserve est dirigée sur Genève et Lausanne. — Effectif de cette armée. — Situation critique de Masséna. — Succès du général Moreau. — Départ du général Bonaparte pour l'armée. — Passage du Saint-Bernard. — Siége du fort de Bard. — L'armée est réunie à Ivrée le 28. — La route de Turin et celle de Milan lui sont ouvertes. — Le Premier Consul se dirige vers Milan.

On se rappelle que le Premier Consul avait renoncé, dès la fin du mois de mars, à l'idée de se porter sur le Rhin, et avait résolu de franchir les Alpes pour tomber à l'improviste sur les Autrichiens, reconquérir l'Italie et dicter la paix dans les plaines de la Lombardie; mais il n'avait pas fait un choix entre les divers passages qui pouvaient servir à cette audacieuse entreprise. Il hésitait encore, le 4 avril, entre le Saint-Bernard, le Simplon et le mont Cenis; il attendait des nouvelles de la situation de Masséna pour choisir celle de ces routes que les événements militaires l'obligeraient à suivre.

« Vous avez deux débouchés, écrivait-il au général
« Berthier, le Saint-Bernard et le Simplon ; par le
« Saint-Bernard vous vous trouverez agir plus près du

« lac de Genève, et dès lors vos subsistances seront
« beaucoup plus assurées, mais il faut que vous vous
« assuriez bien de la nature des chemins depuis Aoste
« jusqu'au Pô. Par le Simplon vous arriverez tout de
« suite dans un plus beau pays.

« Avant que votre armée soit arrivée à Genève et à
« Villeneuve, j'aurai des nouvelles positives de la si-
« tuation de l'armée d'Italie qui me mettront à même
« de vous donner des instructions plus précises.

« *P. S.* Il serait peut-être essentiel, par mesure de
« précaution, que vous envoyassiez un officier ou un
« commissaire des guerres à Chambéry, afin de prépa-
« rer dans cette place la manutention et des approvi-
« sionnements pour nourrir notre armée, si, lorsqu'elle
« sera à Genève, les événements de l'armée d'Italie
« obligeaient à la faire filer par le mont Cenis. »

Le général Berthier, qui était aux pieds des Alpes à cette même époque, exprimait les mêmes doutes, et parlait encore le 26 avril : « De se jeter en Italie, soit
« par le Saint-Bernard, soit par le Simplon, soit par le
« Saint-Gothard ; le Simplon étant impraticable aux
« traîneaux, il préférait le Saint-Gothard ou le Saint-
« Bernard. » Enfin, il écrivait au général Thurreau le 28 avril : « L'intention du Premier Consul est de réu-
« nir l'armée à Genève, pour entrer de là avec rapidité
« en Italie par les débouchés que les circonstances mi-
« litaires rendront préférables. »

Ces hésitations du Premier Consul et de son lieutenant sont moins dramatiques que la résolution qu'on lui attribue d'avoir voulu renouveler, avant même d'en avoir mesuré les obstacles, le prodige d'Annibal ; mais elles sont, qu'on nous permette de le dire, plus sérieuses et plus stratégiques. Nous croyons donc pouvoir affirmer que l'espoir d'imiter le héros carthaginois n'a pas empêché le Premier Consul d'étudier avec soin toutes les routes qui pouvaient lui donner accès en Italie, et de balancer longtemps entre celles qui lui étaient proposées. Ce qui est certain, c'est qu'il s'est prononcé pour le Saint-Bernard le 27 avril seulement, non par un sentiment de présomptueuse émulation, mais en considération des avantages que présentait ce débouché, et en raison des nouvelles qu'il recevait de l'armée d'Italie. C'est lui-même qui nous a révélé cette préférence, lentement et sagement calculée : « Mon projet, écrivait-il
« à Berthier le 27 avril, ne serait plus de passer par le
« Saint-Gothard ; je ne regarderais cette opération possible, et dans les règles ordinaires de la prudence, que
« lorsque le général Moreau aurait obtenu un grand
« avantage sur l'ennemi. D'ailleurs, il est possible que
« ce ne soit plus à Milan qu'il faille aller, mais que nous
« soyons obligés de nous porter en toute diligence sur
« Tortone, pour dégager Masséna, qui, s'il a été battu,
« se sera enfermé dans Gênes, où il a pour 30 jours de
« vivres. C'est donc par le Saint-Bernard que je désire

« que l'on passe. Arrivé à Aoste, on sera à même de se
« porter sur le lac Majeur et sur Milan, en peu de
« marches et dans un pays abondant, et tel qu'il nous
« le faut, s'il devenait inutile de se porter tout de suite
« sur la rivière de Gênes. D'ailleurs, l'opération de
« passer par le Saint-Bernard me paraît beaucoup
« plus proportionnée à vos moyens actuels, puisque
« vous n'aurez à vous nourrir que depuis Villeneuve
« à Aoste. »

Outre ces avantages, que la sagacité du général Bonaparte avait reconnus, le Saint-Bernard avait encore le mérite d'être le débouché le plus saillant de la chaîne des Alpes, ce qui devait permettre à l'armée française, en descendant des Alpes par la vallée d'Aoste, de couper la ligne des corps autrichiens cantonnés aux abords des principaux défilés, depuis Suze jusqu'à Vérone, et de pouvoir rejeter les uns sur le Piémont, les autres sur la Lombardie. Nous verrons tout à l'heure quelle était l'importance du passage du Saint-Bernard, à ce point de vue qui n'avait été signalé jusqu'à présent que par le major Posselt, auteur d'un fidèle exposé de l'expédition de l'armée de réserve.

Le passage étant choisi, il fallait se hâter de l'effectuer, et, dans l'accomplissement de cette tâche, le Premier Consul ne mit pas moins d'activité que dans la formation de l'armée si miraculeusement sortie des débris que le Directoire avait laissés entre ses mains.

Toutes les divisions qui devaient faire partie de l'armée de réserve, et qui cheminaient encore à travers la France, furent dirigées rapidement sur Genève et Lausanne. Une division de 4,000 hommes, sous les ordres du général Thurreau, reçut ordre de passer le mont Cenis et de se tenir prête à déboucher sur Turin. Le général Moncey, placé au pied du Saint-Gothard, devait se mettre en mesure de le franchir aussitôt qu'il aurait reçu les renforts que l'armée du Rhin devait lui envoyer.

Grâce à cette intelligente activité, l'armée de réserve présentait déjà, à la fin d'avril, un effectif imposant; le Premier Consul en a donné lui-même le tableau dans une lettre au général Berthier, datée du 26 avril.

« Vous pouvez, lui écrivait-il, être à Aoste du 10 au 20 mai avec 44,000 hommes, suivis, dix jours après, de 8,000 et ensuite de 6,000.

« En résumé, disponibles de suite :

Infanterie.	44,000	
Cavalerie.	4,000	50,000
Artillerie.	2,000	

« Derrière vous :

Infanterie.	8,000	
Cavalerie.	3,000	11,000
Total.		61,000

Le général Marescot avait terminé sa reconnaissance du Saint-Bernard. La division Chabran avait reçu l'ordre d'occuper la Tarantaise afin d'être à portée de franchir le petit St-Bernard, et de rendre disponibles les forces du général Thurreau, chargé d'opérer sur le mont Cenis. Les vivres et les munitions, qui manquaient encore à la fin d'avril, commençaient à arriver en abondance.

Le 2 mai, le quartier général partit de Dijon pour Genève, où il arriva le 4. La division Watrin, qui s'était mise en marche la première, avait déjà pris position à Saint-Maurice et à Villeneuve. Dans quelques jours l'armée allait arriver au sommet des Alpes et descendre dans les plaines du Piémont avant que le général Mélas n'eut songé à lui en barrer le chemin.

La France devait envisager avec orgueil les ressources que le génie et l'activité du Premier Consul avaient su tirer de ses ruines. Il n'y avait pas eu peut-être d'exemple de préparatifs accomplis avec un succès si rapide. Cependant le Premier Consul, disons-le, aurait pû être devancé par le général autrichien, aux défilés du Saint-Bernard. Il eût suffi que le baron de Mélas, averti, le 28 juin, par la proclamation de Masséna, dont nous avons parlé plus haut, se fût dirigé immédiatement sur Turin au lieu de se porter sur Nice; il lui eût été facile de parvenir à Aoste le 6 mai, le jour où l'armée de réserve quittait Genève; on voit que le temps ne lui eut pas manqué pour rendre le passage des Alpes impraticable. Mais la fortune, qui s'était prononcée visiblement pour l'armée de réserve à l'ouverture de la campagne d'Italie, en retenant les Autrichiens loin des Apennins, devait aussi les retenir loin des Alpes, et attirer le vieux maréchal autrichien vers Nice et le Var, comme pour donner au Premier Consul le temps d'achever ses préparatifs et de franchir les Alpes avant que le passage pût lui être disputé.

Le général Mélas avait recueilli quelques rumeurs sur les projets de l'armée de réserve, mais il les avait dédaignées comme la proclamation de Masséna ; il n'avait vu dans ces avertissements que des actes de forfanterie, et son incrédulité semblait d'autant mieux fondée, que l'invraisemblance d'une expédition à travers les Alpes en éloignait jusqu'au soupçon.

Le Premier Consul savait parfaitement à quoi s'en tenir sur les dispositions des Autrichiens. « L'ennemi,
« écrivait-il au général Berthier le 2 mai, ne s'attend
« pas du tout à l'opération que vous faites. Il suppose
« bien qu'il est possible qu'une division de 18 à 12,000
« hommes se présente pour dégager l'armée d'Italie, et,
« dans ce cas, il ne la craint pas. J'ai des renseignements
« très-sûrs que l'on se moque à Vienne et en Italie de
« l'armée de réserve ; on ne croit pas qu'elle soit prête
« avant le mois d'août, et on la regarde comme un ras-
« semblement de conscrits pour compléter l'armée du
« Rhin. »

Toutefois, il n'y avait pas un moment à perdre pour dégager Masséna. Le capitaine Franceschi, son aide de

camp, était arrivé à Paris le 5 mai, disant que ce général n'avait plus de vivres que jusqu'au 20. D'un autre côté, Berthier avait écrit : « Je pense qu'il est in-
« dispensable de prendre un parti indépendant des évé-
« nements du Rhin, et d'envoyer au général Moreau un
« ordre impératif d'envoyer au moins 15,000 hommes
« à l'armée de réserve. »

Le Premier Consul prit immédiatement des arrêtés qui réunissaient à l'armée de réserve les troupes cantonnées dans le Valais et le mont Blanc, et ordonnaient au ministre de la guerre d'aller à l'armée du Rhin afin de diriger le mouvement vers les Alpes d'une colonne de 25,000 hommes.

Le jour où ces arrêtés étaient signés, la nouvelle de la victoire de Stockach arrivait à Paris et déterminait le Premier Consul à aller lui-même prendre la direction supérieure de l'armée. Il annonça son départ au général Berthier dans ces termes :

« J'apprends à l'instant, par le télégraphe, que Mo-
« reau a eu à Stockach une affaire avec l'ennemi, qu'il a
« fait 7,000 prisonniers, pris trois pièces de canon et
« des magasins considérables. Le ministre de la guerre
« part dans une demi-heure ; je pars à minuit. Vous
« pouvez calculer quand je serai à Genève ; je ne m'ar-
« rêterai que quelques heures à Dijon. Tout va ici au
« parfait. Faites marcher à force. »

Parti de Paris le 6, Bonaparte arrive le 7 à Dijon, et

y séjourne quelques heures, afin de passer en revue les dépôts et les conscrits qu'on y avait réunis sans matériel ; il fallait jusqu'au bout attirer l'attention de l'Europe sur cette fiction, et détourner les regards de la véritable armée, de l'armée venue, à petit bruit, de la Hollande, de la Vendée et de la Provence.

Arrivé à Genève le 8, le Premier Consul fait appeler le général Marescot, qui venait d'achever la reconnaissance du Saint-Bernard ; il écoute attentivement le rapport de ce général, qui ayant gravi avec beaucoup de peine la montagne jusqu'à l'hospice, avait observé tous les points difficiles et vu tomber les avalanches, qui présageaient un passage périlleux ; ce récit intéressant terminé, Bonaparte se borne à faire cette seule question : « Peut-on passer ? » — « Oui, répondit Marescot, cela « est possible. » — « Eh bien ! partons. »

Le Premier Consul reste cinq jours à Genève, afin de terminer l'organisation de son armée et d'en diriger les mouvements. Ses résolutions sont aussi simples que décisives.

Pendant que le corps principal franchira le Saint-Bernard, le général Thurreau, avec 4,000 hommes, se tiendra prêt à déboucher par la route du mont Cenis, sur Turin. Le général Moncey, qui commande dans les Grisons, veillera sur le passage du Saint-Gothard, pour amener de ce côté les renforts que l'armée du Rhin doit fournir. Ces dispositions arrêtées, le Premier

Consul se rend le 13 à Lausanne; il y trouve le ministre de la guerre, revenant de l'armée du Rhin et annonçant la marche des troupes détachées, qu'il était allé demander au général Moreau.

Tout venait concourir au succès de cette expédition avec une exactitude aussi merveilleuse que l'expédition même.

La route du Saint-Bernard était donc libre, dans les premiers jours de mai, grâce aux succès de Moreau, à la résistance héroïque de Masséna et à l'aveuglement obstiné des Autrichiens. Le jour où l'armée de réserve était prête à se mettre en marche, l'armée du Rhin lui donnait la main et les armées impériales, tenues en échec par d'habiles manœuvres, restaient à l'écart comme pour lui livrer passage. Sans cette liberté d'action, il eût été difficile de surmonter les obstacles que la nature avait accumulés sur le passage de l'armée française; de franchir une montagne de neige dans la saison périlleuse des avalanches; de porter sur des sommets inaccessibles tout le matériel d'une armée prête à entrer en campagne; de faire dix lieues dans des sentiers bordés de précipices, et plus de quarante sans trouver ni le pain des soldats, ni le fourrage des chevaux.

On a souvent décrit les obstacles qui se présentèrent à nos soldats; les abîmes franchis, les canons démontés et traînés à bras sur des troncs d'arbres; les affûts divisés en fragments numérotés et portés sur des mulets, les

CHAPITRE VII. 103

forges établies à l'entrée des routes praticables, pour reconstruire cette artillerie mise en pièces ; en un mot, les merveilleuses ressources que l'intelligence et le courage de nos officiers ont su découvrir pour surmonter toutes les difficultés. Le passage du Saint-Bernard est assurément, sous ce rapport, digne de l'attention de la postérité, et cependant ce n'est pas le plus grand côté de l'expédition. Le général Bonaparte avait été devancé sur ces montagnes et au milieu de ces précipices.

Annibal avait franchi les Alpes par des chemins impraticables, dont on ne saurait même retrouver la trace aujourd'hui ; il n'avait pas eu le temps de choisir un passage, il était arrivé au pied du Saint-Bernard en guerroyant depuis la frontière d'Espagne, et il avait dû s'ouvrir un chemin à travers les légions intrépides des Allobroges, comme à travers les neiges éternelles des Alpes.

L'expédition de François Ier n'avait pas coûté moins d'efforts. Il avait fallu traîner l'artillerie à force de bras, les soldats avaient aidé les pionniers, les officiers avaient aidé les soldats ; tous avaient manié la pioche et la cognée, poussé aux roues, tiré les cordages. Huit jours avaient suffi alors pour transporter, par des chemins non moins périlleux qu'en 1800, une artillerie plus lourde que celle de l'armée de réserve, une infanterie cuirassée et une cavalerie couverte de fer.

Les Français se sont toujours montrés dignes de leurs

chefs ; le présent n'a pas à rougir du passé ; les soldats de Marengo peuvent tendre la main à ceux de Marignan.

Non, le passage des Alpes n'était pas une gloire nouvelle pour la France; les victoires qui en furent la conséquence n'étaient pas non plus sans exemple, il est digne de remarque, au contraire, que, dans tous les temps, le succès a suivi ces vaillantes expéditions, et rendu invincibles tous ceux qui en avaient surmonté les épreuves.

Ce qu'il faut admirer particulièrement dans l'expédition de Bonaparte, c'est la pensée vraiment digne d'un grand capitaine, la pensée qui n'avait pas eu de précédent sur ce terrain, celle de prendre à revers l'armée victorieuse de Mélas, avec une armée de 60,000 hommes, empruntée aux débris épars de plusieurs armées ; ce sont les mouvements de troupes exécutés devant l'ennemi et dérobés à ses regards ; c'est la discrétion et le soin avec lesquels le premier Consul a pourvu à tout ce qui était nécessaire pour conduire à bien cette grande et périlleuse entreprise ; c'est la résurrection de tant de ressources inespérées, dans un pays qui semblait épuisé par la guerre et les dissensions intérieures ; c'est ce prodige nouveau, ajouté au prodige imité d'Annibal, qui fait le plus d'honneur au général Bonaparte, et qui a préparé son merveilleux succès.

Nous avons laissé la division Lannes partant de Lausanne, dans la nuit du 14 au 15 ; arrivée le 17 à Saint-Pierre, elle atteignit l'hospice en six heures, et y trouva des vivres abondants que la prévoyance du général en chef et l'assistance des religieux y avaient préparés.

« Figurez-vous, a écrit un de ces religieux, des tables dressées tout autour du couvent, chargées et continuellement recouvertes de pain, de viande, de cruches de vin et d'eau-de-vie, qui passaient, plus vite que la parole, de nos mains dans celles de ces pauvres affamés, dont les uniformes, entremêlés à notre costume si grave, si sombre, formaient un singulier et piquant contraste : puis, comme accessoire encadrant ce pittoresque tableau, voyez çà et là épars, des canons, des affûts, des caissons, des traîneaux de bagages, des munitions, des faisceaux de drapeaux, d'armes, et, au milieu de tout ce formidable attirail de guerre, les soldats français riant, chantant, buvant à la santé de leur général en chef, et jetant tour à tour des regards enflammés sur l'Italie, qu'ils couraient conquérir, et vers le sol de leur patrie, qui attendait de leur valeur la victoire. »

Après quelques heures de repos, Lannes se remit en marche et descendit rapidement la pente méridionale du Saint-Bernard, avec la neige elle-même, qui s'affaissait sous les pas des hommes et des chevaux et les entraînait parfois au fond des précipices.

Arrivée à Etroubles, au pied méridional de la montagne, cette avalanche de chevaux, d'hommes et d'armes, chassa devant elle quelques postes autrichiens, placés là en observation. Le 17, elle entra dans Aoste, et le 19 elle enleva Châtillon, défendu par environ 1500 Croates, qui se retirèrent en abandonnant 300 prisonniers.

Pendant que l'avant-garde franchissait si heureusement tous les obstacles, les autres divisions, qui avaient été échelonnées sur la route, poursuivaient leur marche sans interruption et sans encombrement. Le Premier Consul, campé à Martigny, présidait lui-même au départ, veillant avec un soin minutieux à tous les besoins du soldat et à toutes les mesures adoptées pour transporter le matériel au delà des monts. Le 19, il apprend que Mélas était encore à Ventimiglia, près de Nice, à la poursuite du général Suchet. Les dernières divisions venaient de franchir le Saint-Bernard, il était désormais certain qu'elles arriveraient dans les plaines du Piémont avant de rencontrer le général autrichien.

Le Premier Consul se décida aussitôt à franchir lui-même les Alpes. Il quitta Martigny le 20, établit son quartier-général à Etroubles le 21, et le porta à Aoste le 22. (Voyez la carte n° 1.)

Un temps magnifique avait favorisé le passage des Alpes. M. de Cayrol, qui faisait partie de l'expédition, raconte qu'il a traversé le Saint-Bernard avec le quartier général, par le plus beau temps du monde, et si facilement, qu'il eut la liberté d'herboriser, même dans la région supérieure de la montagne, tant la température, surtout du côté de l'Italie, était douce et agréable.

L'avant-garde du général Lannes s'avançait toujours

dans la vallée d'Aoste, dispersant les postes autrichiens qu'elle rencontrait sur son passage, et il semblait que cette marche victorieuse pouvait être poursuivie jusque dans les plaines du Piémont, quand elle fut tout à coup arrêtée par le fort de Bard. Cette citadelle, dont la nature avait posé les fondements, et que les ducs de Savoie, à leur tour, avaient achevée depuis longtemps, éleva devant l'armée de réserve ses remparts inaccessibles.

Construit sur un rocher qui dominait la vallée de la Dora, revêtu d'une double enceinte, armé de vingt-deux pièces qui plongeaient dans toutes les directions, pouvant loger 400 hommes dans des casernes blindées, et recouvertes de larges pierres de taille, inaccessible à l'escalade par la hauteur de ses escarpements naturels, le fort de Bard ne pouvait être enlevé de vive force, si la garnison voulait le défendre.

L'avant-garde, arrivée devant cet obstacle, reconnut que les premières explorations en avaient mal apprécié l'importance, et qu'il pouvait résister aux plus sérieuses attaques.

Le général Berthier voulut cependant tenter de l'enlever par un coup de main audacieux. Il lança quelques compagnies dans la ville, et parvint à en chasser les Autrichiens; mais les assiégeants furent bientôt obligés de rétrograder sous le feu d'une artillerie formidable. On tenta alors un autre moyen : on fit porter à bras deux pièces de faible calibre sur les hauteurs qui dominaient la place; elles ne tardèrent pas à être démontées. Le commandant autrichien fut en vain sommé de se rendre et menacé d'être pris d'assaut, il répondit avec fermeté, en homme qui connaissait sa position. Arrêtée par cet obstacle imprévu, l'armée française se trouvait dans une position périlleuse; réduite à s'approvisionner à l'aide des subsistances péniblement rassemblées en Suisse, et plus péniblement encore transportées au delà des monts, elle pouvait être obligée de rétrograder. Berthier, effrayé, avait déjà envoyé ordre aux colonnes qui arrivaient de suspendre leur marche et de ne pas laisser encombrer le défilé.

Sur ces entrefaites, le Premier Consul avait écrit lettre sur lettre à Berthier, pour lui suggérer tous les moyens d'enlever ce qu'il appelait le vilain castel de Bard. Mais on n'avait trouvé qu'un moyen de le tourner en suivant sur la montagne d'Albaredo un sentier pratiqué au milieu des rochers et d'un accès plus pénible que tous ceux qu'on venait de franchir. Pour y passer, l'avant-garde avait dû tailler quelques marches dans ces rochers et jeter des troncs d'arbres sur les anfractuosités. Les soldats avaient pu défiler ainsi un à un, les cavaliers tenant leurs chevaux par la bride, et le général Lannes avait poursuivi rapidement sa route vers Ivrée, sans attendre l'artillerie, qui ne pouvait suivre cette route escarpée. Il avait rencontré le général autrichien Briay à Donas, l'avait rompu et dispersé. Arrivé le 22 devant Ivrée, il n'avait pas laissé aux ennemis le temps de s'y fortifier. Attaquée, en 1704, par le duc de Vendôme, cette place avait soutenu un siége de dix jours, elle fut enlevée en quelques heures par la division Watrin. Un bataillon de la 22e, conduit par le jeune capitaine Cochet, escalada le fort et s'en empara à la baïonnette. La ville résistait encore ; trois assauts lui furent livrés en même temps ; les ponts-levis furent brisés, les portes enfoncées à coups de haches, et les Autrichiens eurent à peine le temps de se retirer derrière la Chiusella, laissant 300 prisonniers dans les mains des Français.

Mais l'artillerie ne passait pas au fort de Bard, et le général Lannes pouvait être engagé sans avoir les moyens de défense nécessaires. Une nouvelle attaque fut dirigée contre le fort et conduite avec la plus audacieuse intrépidité. Le général Loiseau fut renversé au pied du rempart, le colonel Dufour grièvement blessé ! Inutiles efforts ! on fut encore obligé de battre en retraite. Une nouvelle sommation fut adressée aux Autrichiens, et reçue comme la précédente.

Il était impossible de différer plus longtemps le transport de l'artillerie, si on voulait que l'armée pût entrer sérieusement en campagne ; il fallait se résoudre, à tout prix, à passer sous le canon du fort. La ruse et l'audace en combinèrent le moyen. Les rues de la ville furent couvertes de fumier, les pièces de canon enveloppées d'étoupe et traînées à bras par les artilleurs eux-mêmes, à travers ce périlleux défilé, à la faveur de la nuit. L'ennemi réussit à éclairer le tir de la citadelle, en lançant des obus sur la route à parcourir ; il atteignit un assez grand nombre de canonniers, mais il ne put empêcher toute l'artillerie de parvenir au delà du fort de Bard, et de rejoindre l'infanterie et la cavalerie qui l'avaient précédée.

La division Chabran, qui avait passé le petit Saint-Bernard, venait d'arriver à Aoste, elle fut chargée de continuer le siége du fort.

Pendant qu'Ivrée tombait au pouvoir du général Lannes, le 23 mai, le général Thurreau descendait le mont Cenis, s'emparait de Suze, d'où il chassait le général Lamarsaille, et menaçait Turin. D'un autre côté, le général Bethencourt gravissait le Simplon, forçait l'horrible défilé de Gondo, chassait devant lui la brigade de Landon, et la forçait de se replier sur Milan. Enfin, le général Moncey descendait le Saint-Gothard, avec les divisions détachées de l'armée du Rhin.

Tous les corps destinés à rallier l'armée de réserve arrivaient au rendez-vous à la même heure, tous les débouchés des Alpes étaient franchis, toutes les clefs du Piémont et de la Lombardie étaient livrées aux Français. Ils avaient conquis leur champ de bataille, ils pouvaient à leur gré se porter sur Gênes, sur Turin ou sur Milan; ils étaient à deux jours de marche de l'une ou l'autre de ces capitales ; ils avaient coupé les corps détachés qui devaient les défendre; ils pouvaient les accabler en se jetant d'un côté ou de l'autre. Tels étaient les précieux avantages qu'assurait la position saillante de la vallée d'Aoste à ceux qui avaient su la choisir pour débouché.

On était au 28 mai; en marchant directement sur Gènes, on pouvait à peine y arriver le 5 juin, avec les troupes réunies à Ivrée, c'est-à-dire avec 30 ou 40,000 hommes, serait-il encore temps de secourir la place? Était-il prudent d'aller à la rencontre de l'armée autrichienne avec une partie de l'armée de réserve? Ne valait-il pas mieux manœuvrer pour se réunir à Bethencourt et à Moncey, se jeter sur Milan avec ces forces imposantes, surprendre les Autrichiens de ce côté, rétablir la République cisalpine, disposer de toutes les ressources que cette alliée nouvelle donnerait à l'armée française, se porter ensuite sur Pavie et Plaisance, s'emparer des magasins de l'armée autrichienne, et aller au-devant de Mélas avec des soldats victorieux? C'était le plan que le Premier Consul avait conçu d'avance, et c'était celui dont toutes les circonstances favorisaient l'exécution.

Les troupes impériales, jonchées, pour ainsi dire, par faibles détachements, depuis le pied des Alpes jusqu'à Mantoue, Pavie et Plaisance, n'étaient pas en mesure de s'y opposer.

Le général Haddik n'avait pu réunir que **6,000** hommes pour occuper le Novarais; le général Kaïm ne disposait que de 7,000 hommes pour garder les vallées de Suze et de Pignerol, et de 5,000 hommes pour former la garnison de Turin.

Le général Vukassovich, séparé de ces deux généraux par la rapidité avec laquelle l'armée de réserve s'était jetée entre eux, comptait à peine 8,000 hommes pour défendre le Saint-Gothard, le Simplon, Milan, la Lombardie, le passage du Tessin et celui du Pô. D'avance, on pouvait prédire sa défaite. Il suffisait, pour le succès du général Bonaparte, que Masséna et Suchet retinssent encore quelques jours le général autrichien sous les murs de Gênes et sur les bords du Var. C'est précisément ce concours que leur infatigable énergie s'efforçait d'assurer au Premier Consul. Allons donc assister aux derniers combats de l'armée de Ligurie sur les Apennins, avant de suivre l'armée de réserve dans les plaines de la Lombardie.

CHAPITRE VIII.

Fin du siége de Gênes. — Efforts désespérés de Masséna. — Il refuse toute proposition de capituler; il consent à sortir, le 6 juin, avec armes et bagages. — Défense du Var. — Mélas revient à Turin le 26 mai. — Suchet reprend l'offensive le 28. — Il poursuit le général Elsnitz l'épée dans les reins.—Mélas obligé d'envoyer au secours de son lieutenant.

Nous avons laissé le général Masséna étroitement resserré dans la place avec un effectif réduit à 12,000 combattants, entouré d'une population défiante, et d'autant plus facile à exalter qu'elle avait à supporter les privations les plus rigoureuses.

Toutefois, le général autrichien ne comptait plus, sous les murs de Gênes, que 30,000 hommes depuis le départ du général Mélas pour Nice. Il importe aussi de remarquer que les assiégeants ne pouvaient pas attaquer Gênes comme une de ces places de guerre devant lesquelles on ouvre des tranchées, dont on renverse un pan de muraille et dont on peut prédire la reddition à jour fixe. Pour forcer Gênes, il faut s'emparer successivement des collines environnantes et faire autant de siéges qu'il y a de positions à emporter.

Masséna avait heureusement le génie et l'activité nécessaires pour tirer parti de cette situation, et son infatigable courage, déjouant toutes les surprises de l'ennemi, a su faire de cette défense mémorable une véritable Iliade, une épopée, dont la glorieuse réalité est à peine égalée par les brillantes fictions du plus grand poëte de la Grèce.

Nous n'entreprendrons pas de raconter ici, jour par jour, les assauts, les sorties, les engagements nombreux que le général français eut à soutenir pour repousser les Autrichiens; un volume, accompagné de la carte la plus détaillée, ne suffirait pas à les faire comprendre : c'est du moins la conviction que nous a laissée la lecture du journal très-circonstancié du général Thiébault. Il suffit de signaler les principaux épisodes de cette défense pour faire apprécier l'habileté et l'héroïsme de ceux qui l'ont dirigée et soutenue.

Le 30 avril, deux jours après le départ du général Mélas, le nouveau commandant de l'armée autrichienne, livra un assaut général et tenta d'escalader les remparts sur plusieurs points. Il réussit un moment à s'emparer de la position avancée des Deux-Frères, et menaça de forcer celle d'Albaro, d'où il aurait pu bombarder la ville. Mais cet avantage ne fut pas de longue durée. Le général Soult reprit les Deux-Frères, et Masséna lui-même, à la tête de quelques compagnies, repoussa les Autrichiens qui s'étaient avancés du côté du levant.

Cette journée coûta au général Ott plus de **4,000** hommes et plus de **800** échelles, qui avaient été apportées pour escalader Gênes, comme Ismaïlow avait été escaladé par les Russes.

Le lendemain, Masséna, supposant que Mélas s'était éloigné pour aller à la rencontre de Bonaparte, crut devoir saisir l'occasion de reprendre l'offensive, pour relever le courage de ses soldats et la confiance des habitants. Mais le général français échoua à son tour dans cette tentative courageuse ; il fut blessé et obligé de rentrer dans Gênes.

Plusieurs jours se passèrent en observation ; le **10** mai, le général Ott fit tirer plusieurs salves et annoncer au général Masséna qu'il célébrait un succès du général Mélas sur le général Suchet. Le général français répondit à cette bravade par une sortie du côté de Montefaccio, au levant. Le général Soult, qui commandait cette audacieuse expédition, pour laquelle on avait réuni **4,000** hommes, presque la moitié de la garnison, parvint à forcer les retranchements des Autrichiens. Il y eut même, à cette occasion, entre les régiments français, une émulation dont la cause mérite d'être rappelée. Deux bataillons s'étaient juré une haine à mort, parce que l'un, de la 25ᵉ légère, dans les temps d'indiscipline qui avaient précédé l'arrivée de Masséna, avait

8.

exécuté l'ordre de désarmer l'autre, appartenant à la 44ᵉ légère. Depuis lors, on évitait de les rapprocher; mais cette précaution ayant été négligée dans cette occasion, ils se trouvèrent appelés par hasard à combattre sur le même terrain. Ce qui pouvait être un danger pour la discipline, devint un moyen de succès pour la sortie du général Soult. Placés en face du même danger et inspirés par un même sentiment de patriotisme, les soldats des deux bataillons se réconcilient, se jettent dans les bras les uns des autres sous le feu de l'ennemi, la moitié d'une brigade passe dans les rangs de l'autre, et ils recommencent le combat pour vaincre ou triompher ensemble. L'expédition de Montefaccio réussit complétement, et 500 prisonniers furent les trophées de cette journée.

Le 13, le général Soult sortit encore pour attaquer le camp de Montecreto. Ce camp retranché était couvert par de nombreux ouvrages et défendu par une forte ligne de troupes. Les Français parvinrent jusqu'aux retranchements et se préparaient à les escalader, lorsqu'un orage affreux enveloppa la montagne, suspendit la marche de nos soldats et permit aux réserves autrichiennes d'arriver sur le terrain à la faveur de ce déluge inattendu qui avait mouillé nos armes et rendu inaccessibles les escarpements glaiseux du Montecreto. Le général Soult, qui conduisait cette expédition, tomba blessé sur ces escarpements, d'où il était impossible de l'emporter.

Dans cette pénible situation, le général donna son épée à deux grenadiers, ordonna la retraite et resta sur le champ de bataille, où bientôt il fut fait prisonnier.

Les pertes des assiégeants devenaient de jour en jour plus sensibles; sur trois généraux de division, un, Marbot, était mort d'épidémie; Soult était tombé au pouvoir de l'ennemi; un autre, Gazan, était grièvement blessé; 4 généraux de brigade sur 6 étaient blessés. Sur 12 adjudants généraux, 6 blessés, 1 tué, 1 prisonnier. Sur 17 colonels, 11 prisonniers ou hors de combat. Sur une garnison de 15,000 hommes, 3,000 étaient tués et 4,000 hors de combat.

Après de si pénibles sacrifices, après avoir soutenu trois grandes affaires générales et des engagements journaliers, Masséna fut obligé d'évacuer lui-même le Montefaccio pour contenir la ville que la flotte anglaise bombardait et que la faim achevait d'exaspérer.

La défense active de Gênes devint désormais impossible; le blocus par terre et par mer fut plus resserré, et Masséna s'occupa exclusivement d'assurer les subsistances de l'armée et de la population. Jamais œuvre n'avait été plus difficile; jamais une ville de plus de 100,000 âmes n'avait été réduite à de si dures extrémités. Depuis le 23 mai, le pain des soldats n'était plus qu'un composé d'amidon, de graine de lin et de cacao trouvé dans les magasins du commerce. Les nombreux prisonniers, que Masséna avait faits, étaient réduits à manger une soupe d'herbes. On fut obligé de les enfermer dans de vieilles carcasses de vaisseaux, sur lesquelles on tenait des canons constamment braqués, pour empêcher ces malheureux de se révolter.

Enfin, le 28, le chef d'escadron Franceschi, celui qui était allé à Paris exposer au Premier Consul la situation de Masséna, réussit à rentrer dans Gênes, à travers les croisières anglaises, en se jetant dans une frêle barque et en achevant à la nage ce périlleux trajet.

Cet officier apportait d'heureuses nouvelles de l'armée de Moreau et du passage des Alpes ; il avait quitté Bonaparte le 20, le jour où il passait les monts. Masséna se flatta un moment, à l'aspect de quelques mouvements opérés sur la ligne des Autrichiens, qu'ils se préparaient à marcher au-devant de l'armée de réserve, et, toujours prompt à saisir l'occasion de frapper l'ennemi, il tenta une nouvelle sortie. Mais les Autrichiens n'avaient pas quitté leurs postes, et cette méprise coûta à la garnison de cruelles pertes.

A dater de ce jour, le désespoir s'empara des esprits; on ne comprenait plus ce que devenait l'armée de réserve; on pensait que l'armée de Ligurie avait été sacrifiée, que le temps était venu de se rendre, qu'on ne pouvait pas se condamner à mourir de faim et de maladie. La situation était telle, au 30 mai, que des soldats se donnèrent la mort, regrettant de ne pas l'avoir trouvée en combattant ; des corps entiers brisèrent leurs armes et désertèrent les postes avancés ; enfin, la distribution n'était plus assurée que pour deux jours.

Masséna avait prolongé sa défense bien au delà du terme qu'il avait fixé dans sa dernière communication au Premier Consul ; cependant, il ne voulut pas encore se rendre, il répondit d'une manière dilatoire à l'offre de la plus honorable capitulation, et fit à ses chefs de corps réunis la proposition désespérée de se faire jour, les armes à la main, à travers l'ennemi. Tous les officiers déclarèrent qu'ils étaient prêts à le suivre et à mourir avec lui, mais que les soldats épuisés se livreraient à l'ennemi. Une proclamation adressée aux soldats eux-mêmes fut accueillie par un morne silence.

Il fallait enfin se résigner à traiter ; Masséna renoua les négociations entamées, en prenant pour prétexte un échange de prisonniers, et n'hésita pas à déclarer qu'il ne signerait aucun traité où serait écrit le mot capitulation. Il posa en principe que l'armée française évacuerait Gênes, enseignes déployées, avec armes et bagages, ou qu'elle s'ouvrirait un chemin à la baïonnette.

Le 5 juin, dans une conférence à laquelle Masséna lui-même était présent, l'évacuation de Gênes fut stipulée aux conditions qu'il avait fixées.

Le lendemain, 8,000 hommes sortirent, sous le commandement du général Gazan, et se dirigèrent sur la route de Nice. Masséna s'embarqua de sa personne pour rejoindre plus promptement son lieutenant. 4,000 malades restèrent dans la place, sous le commandement du général Miollis, en attendant qu'ils pussent rejoindre l'armée française.

Ainsi finit cette glorieuse défense, qui avait coûté à l'armée autrichienne plus de 20,000 hommes et donné le champ libre à l'armée de réserve pour franchir les Alpes et tomber à l'improviste sur toute la Lombardie.

Pendant que Masséna retenait si glorieusement le général Ott sous les murs de Gênes, le général Suchet n'avait pas été moins actif sur les bords du Var. On se rappelle que le général Mélas était allé se réunir au général Elsnitz pour accabler plus promptement le général Suchet et le repousser jusqu'à la frontière de France. De son côté, le général français avait résolu de disputer le terrain pied à pied, et, malgré la supériorité de l'ennemi, il l'arrêta dans plusieurs positions : dans celle de Borghetto d'abord, qu'il ne quitta que le 2 mai, devant une attaque combinée de la flotte anglaise et des troupes autrichiennes. Il se retira ensuite à Oneiglia, où il espérait pouvoir se maintenir plus longtemps. Pendant quatre jours, les Autrichiens ne firent, en effet, aucune attaque sérieuse sur le front de la ligne française ; ils éprouvèrent même quelques échecs dans des combats d'avant-postes. Mais pendant ce temps, le général Gorupp se portait sur le col de Tende avec des forces supérieures et s'en emparait le 6. C'était le moment fixé par les Autrichiens pour attaquer le général Suchet, qui ne pouvait plus leur résister sans s'exposer à être coupé par le général Gorupp. Cependant, les Français ne voulurent pas se retirer sans combattre : ils soutinrent une lutte acharnée à San-Bartholomeo et Taggio, qu'ils n'évacuèrent qu'avec la nuit. Le général Suchet voulait se maintenir encore en se retirant sur la Roya, mais le col de Tende était au pouvoir de l'ennemi ; son aile gauche se trouvait tournée : il se contenta de jeter des garnisons dans les forts de Ventimiglia, de Villefranche et de Montalban, et quitta Nice le 11, pour se retirer derrière le Var. Suivi de près par les Autrichiens, qui entrèrent dans Nice le jour même où il en sortait, et attaqué en flanc par les colonnes qui descendaient du col de Tende, le général Suchet fut obligé de se faire jour à travers l'ennemi pour arriver au pont du Var, heureux d'avoir ainsi terminé cette glorieuse retraite et d'avoir ramené en France une petite armée qui semblait devoir être accablée par l'ennemi.

Le général autrichien se voyait près de toucher le but qui lui avait été assigné : il ne lui restait plus qu'une dernière barrière à franchir pour pénétrer au cœur de la France, s'emparer de Marseille et de Toulon avec le secours de la flotte anglaise, comme le prince Eugène l'avait tenté un siècle auparavant.

La ligne du Var était assez faible en elle-même pour donner au général Mélas toutes ces espérances, mais le général Suchet avait appris les succès de Moreau sur le Rhin et les premiers mouvements de l'armée de réserve pour franchir les Alpes; il pensa, avec raison, qu'il suffisait de tenir quelques jours pour voir les Autrichiens se replier vers le nord et avoir l'occasion de reprendre l'offensive.

Il était arrivé le 12 mai derrière le Var. En moins de trois jours, sous le feu même des Autrichiens qui le poursuivaient, il mit la tête du pont à l'abri d'un coup de main; l'artillerie fut rétablie à la hâte, et les gardes nationales des environs convoquées. Enfin, un télégraphe, fut élevé dans le fort de Montalban, sur les derrières de l'ennemi, afin d'avertir le général français de tous les mouvements qui s'y préparaient.

Le 13, le général Mélas avait reçu un premier avis du mouvement de l'armée de réserve vers le Saint-Bernard ; mais, ne pouvant se persuader qu'une armée aurait franchi les Alpes avec des canons et des munitions, il avait considéré ces bruits de diversion comme des ruses de guerre et s'était contenté de détacher sur Turin les généraux Haddick et Palfy, qui arrivèrent tardivement, comme nous le verrons, pour défendre Ivrée et la Chiusella.

Cependant, les nouvelles qui parvenaient chaque jour au feld-maréchal autrichien l'arrachèrent enfin à sa fatale sécurité et le déterminèrent à quitter lui-même le pont du Var pour se diriger sur Turin ; il partit de Nice, le 20, avec 6000 hommes et son chef d'état-major, le général Zach, le jour où Napoléon passait le Saint-Bernard à la suite de son armée.

CHAPITRE VIII.

Le 23, le feld-maréchal arriva à Coni ; le 24, à Savigliano, où il apprit la nouvelle de la prise d'Ivrée ; enfin, il entra le 26 à Turin, au moment où le général Lannes s'avançait sur la Chiusella.

Cette fois, toute illusion était dissipée : on avait vu le général Bonaparte lui-même à Ivrée; l'armée de réserve était pourvue de tous les moyens nécessaires pour entrer en campagne; elle avait franchi tous les obstacles : elle était à deux jours de marche de Turin.

La situation du général autrichien était des plus critiques : il était séparé de l'élite de son armée. Il avait 15,000 hommes sur le Var et 30,000 devant Gênes. Résolu à tout sacrifier pour assurer la prompte concentration de ses forces, il avait écrit au général Ott d'abandonner le siége de Gênes et de rallier le quartier général; au général Elsnitz de se réunir au général Ott, devant Gênes, si cette place tenait encore, et de venir avec lui à Alexandrie, ou de gagner directement cette place, si Gênes avait succombé.

Nous avons vu, plus haut, que le général Ott avait différé, pendant trois jours, l'exécution de l'ordre qu'il avait reçu du général Mélas, et prolongé le blocus jusqu'au 6 juin, afin de forcer Masséna à évacuer la ville de Gênes. De son côté, le général Elsnitz n'avait pas mieux répondu aux ordres du général en chef ; il avait fait de nouveaux et inutiles efforts pour passer le pont du Var. Il avait échoué le 22 mai, malgré le secours des Anglais, dans un assaut meurtrier. Il avait livré, le 23, un dernier combat au général Suchet, pour masquer son départ; mais il avait perdu beaucoup de monde dans cette inutile agression : le télégraphe de Montalban avait trahi les préparatifs de sa retraite. Le général Suchet, qui n'attendait que cette circonstance pour reprendre l'offensive, s'était jeté à l'improviste, avec la plus grande partie de ses forces sur le col de Tende, avait chassé les divisions qui y étaient parvenues, et fermé ce passage au général autrichien. De là, il était descendu sur le gros de l'armée ennemie, qui occupait Ventimiglia, l'avait pris en flanc avec tant d'intrépidité et de promptitude que le général Elsnitz avait été forcé de se retirer précipitamment sur la Piève, et d'abandonner ses prisonniers, ses équipages et 30 pièces d'artillerie ; réduit à remonter les Apennins par des routes impraticables, il n'était arrivé que le 7 à Céva avec 10,000 hommes, échappés à cette déroute. Le 5 juin, le général Suchet se portait lui-même sur la Piève et la franchissait après avoir culbuté l'arrière-garde des Autrichiens.

Le 6, il arrivait à Savone et opérait sa jonction avec le général Gazan. Justement fier de ses succès et ambitieux de les poursuivre, le général Suchet proposa à Masséna, qui venait de débarquer à Finale, de passer l'Apennin à la suite des impériaux et de prendre part aux grandes luttes qui devenaient inévitables. Ce projet, qui atteste la sagacité et le coup d'œil du général Suchet, fut repoussé par Masséna, qui s'était blessé en débarquant, et qui ne pardonnait pas au Premier Consul de l'avoir sacrifié.

Ici finissent les opérations de l'armée de Ligurie ; elle ne devait avoir aucune part aux derniers événements de la campagne, mais elle avait assez glorieusement contribué aux succès qui devaient la couronner. Le général Ott, retenu devant Gènes jusqu'au 6 juin, le général Elsnitz, arrêté au pont du Var jusqu'au 28 mai et, jusqu'au 7 juin, sur les Apennins, n'ayaient pu arriver au-devant de l'armée de réserve, au débouché des montagnes, et n'étaient même plus à temps d'arrêter le Premier Consul sur la route de Milan et de Plaisance, où nous allons le rejoindre.

CHAPITRE IX.

Le Premier Consul passe le Tessin. — Il s'empare de Milan, Pavie et Plaisance, et s'avance par la route de Stradella au-devant des Autrichiens. — Ott, arrivé trop tard pour défendre le passage du Pô, est attaqué et battu à Montebello. — Réflexions sur les désastres de Mélas.

Nous avons vu le Premier Consul, obéissant à une de ces heureuses inspirations qui manquaient rarement à son génie, se diriger sur Milan, dont la route, trop faiblement gardée, ne pouvait être disputée sérieusement à l'invasion inattendue de sa vaillante armée.

C'est le 28 qu'elle s'était mise en marche vers la capitale de la Lombardie. Le général Lannes, dont la diversion sur Turin avait si complétement réussi à rejeter de ce côté les généraux Kaïm et Haddick, avait reçu l'ordre de revenir sur ses pas et de suivre le mouvement de l'armée en descendant sur la rive gauche du Pô.

Lorsque le Premier Consul arriva sur le Tessin, il y rencontra une batterie de 5 pièces de canon, une brigade d'infanterie et une de cavalerie : c'était tout ce que le général Vukassowich avait pu réunir sur ce point. Le fleuve était profond ; les premiers bataillons qui parvinrent sur la rive opposée eurent à soutenir une lutte assez vive : mais, aussitôt qu'une division eut franchi le fleuve, le village de Turbigo fut enlevé à la baïonnette et Vukassowich, forcé de se replier en toute hâte sur Milan, y jeta, pour la défense de la citadelle, 2,000 hommes, et se retira lui-même derrière l'Adda, dans la crainte d'être coupé par le général Béthencourt qui arrivait par la route du Simplon, ou par le général Moncey qui venait par celle du Saint-Gothard.

La ligne du Tessin franchie, les portes de Milan devaient s'ouvrir à l'armée française sans coup férir : le général Bonaparte y fit son entrée le 2 juin. Dans cette ville, comme à Vienne, on avait persisté à douter de l'existence de notre armée de réserve. L'arrivée des Français ressemblait à un véritable coup de théâtre; l'imagination impressionnable des Milanais était séduite par le merveilleux de cette apparition ; leur esprit national exalté se berçait de l'espoir de retrouver une indépendance depuis longtemps perdue et de secouer le joug toujours odieux de l'étranger. Le Premier Consul fut reçu avec un enthousiasme unanime et sincère. Impatient de justifier lui-même la confiance qu'avait inspirée son retour, il se hâta de rétablir la République cisalpine sur des bases toutes nouvelles, d'inspirer aux autorités, relevées par sa conquête, les idées de sagesse, d'ordre et de conciliation qu'il avait fait prévaloir en France ; il conserva à la religion une juste influence et laissa au clergé ses anciennes relations de soumission spirituelle vis-à-vis du Saint-Siége en exigeant un serment de fidélité au pouvoir politique.

La prise de Milan était pour l'armée de réserve d'une importance morale et matérielle immense; cette première conquête exaltait son courage en même temps qu'elle mettait à sa disposition des approvisionnements considérables en vivres et en munitions. C'était encore un grand avantage de pouvoir compter sur le concours des autorités qu'on venait de rétablir à Milan.

Le Premier Consul envoya le général Lecchi, avec la division italienne, vers Bergame, et la division Loison vers Lodi, pour repousser Vukassowich jusque sur le Mincio, et déblayer, sans retard, le terrain sur lequel il allait avoir à faire au général Mélas.

Pendant ce temps, le général Lannes, qui avait suivi la rive gauche du Pô, était arrivé devant Pavie. Cette ville importante, témoin d'un de nos plus grands désastres, et vainement assiégée par François Ier, il y a trois siècles, avait été enlevée sans résistance le 3 juin. Le général Lannes y avait trouvé 200 bouches à feu et des magasins considérables, et, après s'être assuré de cette nouvelle conquête, il avait continué son mouvement sur la rive du fleuve et était arrivé à Belgiojoso, où il devait le franchir.

De son côté, le général Loison s'était avancé rapidement vers Crémone, avait effectué le passage du Pô près de cette ville, et marchait sur Plaisance en remontant la rive droite. Enfin, le général Murat était arrivé, le 5, en face de cette place. Les Autrichiens y avaient à peine quelques centaines d'hommes qui défendirent la tête de pont contre un premier assaut de l'avant-garde du général Murat; mais, se voyant cernés de toutes parts, ils évacuèrent ce poste pendant la nuit, après avoir coupé le pont. Le lendemain, le général Murat, qui avait pris ses dispositions pour renouveler l'attaque, voyant le pont détruit et les retranchements évacués, réunit quelques barques à Nocetta, au-dessus de Plaisance, y franchit le Pô, et se dirigea vers cette ville.

Pendant que l'armée française manœuvrait si rapidement pour couper les communications du général Mélas avec la ligne de Mantoue, celui-ci avait songé à les défendre et à rallier son armée, que le siége de Gênes, l'expédition du Var et les entreprises du Premier Consul sur Milan avaient totalement dispersée.

Milan était perdu, mais la route de Plaisance ne semblait pas encore occupée. Le général Mélas résolut de concentrer ses troupes à Alexandrie, et d'envoyer à la hâte des détachements sur Plaisance pour conserver cette communication. En conséquence, le général Ott avait reçu l'ordre, aussitôt après la prise de Gênes, de diriger le général Vogelsang sur Tortone, et le général Gottesheim sur Plaisance, par la vallée de la Trebbia, avec cinq bataillons et trois escadrons; il devait venir lui-même, avec onze bataillons, se rallier au général Mélas.

Au moment où le général Murat se présentait aux portes de Plaisance, le général Oreilly, qui formait l'avant-garde du général Vogelsang, venait d'y arriver avec deux escadrons et environ 300 hommes d'infanterie. Il était impossible de résister à l'attaque des Français avec de si faibles moyens, et la ville allait tomber, sans coup férir, en leur pouvoir, lorsque deux détachements autrichiens accoururent pour la défendre. C'était le régiment de Klebeck, formant l'avant-garde du général Gottesheim, qui venait de Gênes par la vallée de la Trebbia, et un régiment, envoyé de Parme, pour concourir à la défense de Plaisance. Mais ces détachements, arrivés tardivement et tombés au milieu d'un corps de troupes supérieures, furent assaillis de tous côtés et repoussés avec perte. Le général Gottesheim fut obligé de se jeter dans les montagnes pour rejoindre le général Ott, par des chemins impraticables. Le général Oreilly, de son côté, averti que le commandant de Tortone avait dirigé sur Plaisance un grand parc d'artillerie, se retira précipitamment sur Voghera, pour escorter ce parc et le ramener à Tortone, heureux de réussir dans cette entreprise, que le général Lannes aurait fait échouer quelques moments plus tard. Ce général venait en effet de franchir le Pô près de Belgiojoso, de culbuter les régiments Kinsky et Cravattes, qui voulaient lui barrer

9.

le passage, et s'emparait de Stradella, au moment où le général Oreilly venait d'en sortir.

La mauvaise fortune semblait de plus en plus inséparable de l'armée impériale. Toutes les dispositions prises par le général Mélas avaient échoué; la chute de Gênes avait eu lieu trois jours trop tard pour donner aux Autrichiens le temps d'occuper les nouvelles positions qu'ils étaient appelés à défendre.

Crémone, Pavie, Plaisance et la route de Stradella, seule et dernière communication du général Mélas avec l'Empire, étaient tombées au pouvoir des Français en trois jours. Le corps de Vukassowich était rejeté sur Mantoue, et le gros de l'armée autrichienne, qui avait fait le siége de Gênes, était séparé de tous les corps inutilement disséminés pour garder les débouchés des Alpes. Le général Bonaparte pouvait être heureux et fier de ces premiers succès, qui répondaient à toutes les prévisions de son plan de campagne.

Le général Ott apprit la chute de Plaisance en arrivant à Voghera, où il rencontra le général Oreilly; cependant il ne voulut pas désespérer de la situation, et persista dans le dessein de reconquérir la route de Stradella, de délivrer Plaisance et de rétablir ses communications avec la ligne de Mantoue. Il s'ébranla le 9, avec 26 bataillons et 15 escadrons, formant environ 16,000 hommes, et marcha sur Stradella, persuadé qu'il allait avoir à faire à un corps d'armée très-inférieur en nombre.

A peine avait-il dépassé le village de Casteggio que son avant-garde fut refoulée sur Rivetta par l'avant-garde du général Lannes, qui venait au-devant de lui avec la résolution d'un homme qui compte sur la victoire.

Les mouvements exécutés par l'armée autrichienne, depuis l'occupation de Gênes, étaient en effet connus et déjoués d'avance. Le Premier Consul avait intercepté des dépêches du général Mélas qui annonçaient les dernières dispositions adoptées par ce général ; les conditions de l'évacuation de Gênes par Masséna restaient douteuses, mais le départ du général Ott et son mouvement sur Voghera étaient révélés ; la retraite du général Elsnitz sur Turin était également annoncée, il ne devait arriver que le 8 à Ceva et le 11 à Acqui ; le général Mélas, enfin, ne pouvait réunir que, le 12 ou le 13, à Alexandrie, Elsnitz avec 7,000 hommes, Ott avec 9,000 hommes, et le général Haddik avec 6,000 hommes, total, 22,000 hommes.

L'évacuation de Gênes, depuis longtemps prévue, n'avait pas surpris le Premier Consul ; elle était d'ailleurs accompagnée de circonstances si pénibles pour l'armée autrichienne, que son triomphe était plus apparent que réel. La révélation même de ces circonstances avait été pour le général Bonaparte un avantage précieux, dont il avait su tirer parti. Il avait écrit, le 8 juin, au général Berthier : « Faites avancer vivement les « postes ; écrasez toutes les troupes que vous rencon-

« trerez. L'avant-garde peut pousser jusqu'à Voghera.
« Faites passer l'artillerie et la cavalerie, de manière
« à ce que les divisions soient bien complètes, ayant
« leurs cartouches et tout en règle. » Il avait encore
écrit, en date du même jour : « La division du
« général Lannes, qui est forte de 8,000 hommes,
« compris la brigade de cavalerie, peut se mettre en
« marche demain pour Voghera. La division Victor
« l'appuierait, ainsi que les divisions Monnier et Gar-
« danne, ce qui, compris la cavalerie, vous formerait
« 23 à 24,000 hommes. Le général Murat et le général
« Duchesne qui, à eux deux, ont 10,000 hommes, sui-
« vraient également le mouvement; ainsi vous presse-
« riez Mélas avec ce corps d'armée..... S'il se présente
« des troupes entre Voghera et Stradella, qu'on les at-
« taque sans ménagement ; elles sont, à coup sûr, in-
« férieures à 10,000 hommes. » (1)

Les instructions du Premier Consul avaient été sui-
vies, comme on vient de le voir, avec la rapidité et
l'énergie désirables. Le général Lannes se trouvait en
présence du général Ott et en mesure de lui disputer le
passage de Stradella. Le général autrichien avait avec
lui des forces plus considérables qu'on ne l'avait prévu,
mais le général qui nous commandait n'était pas habi-

---

(1) Pièces justificatives, n° 5.

tué à compter le nombre de ses ennemis et la lutte s'engagea en avant de Casteggio, avec une égale ardeur de part et d'autre.

Le bourg de Casteggio est situé au pied des contreforts des Apennins, sur la route de Plaisance à Tortone, à une demi-lieue du village de Montebello. Les hauteurs qui flanquent Casteggio dominent la route et sont, pour ainsi dire, la clef du défilé qui va se rétrécissant toujours, entre le Pô et les Apennins, jusqu'à Stradella.

Le général Lannes fit avancer sa gauche pour s'emparer de ces hauteurs et prendre Casteggio à revers en même temps qu'il le faisait attaquer de front. Cette première manœuvre, dirigée avec impétuosité, fut couronnée de succès, et força les Autrichiens à se replier en deçà de Casteggio ; mais le général Ott, ayant réuni son centre à sa droite, réussit à reprendre les positions qu'il avait perdues et à rentrer dans Casteggio. La division du brave général Watrin ne permit pas cependant aux Autrichiens de poursuivre cet avantage ; les monticules qui dominaient le bourg furent pris et repris plusieurs fois; les généraux combattaient avec les soldats pour les encourager et les conduisaient eux-mêmes à l'assaut de toutes les positions. Les Autrichiens, aguerris par les combats qu'ils avaient livrés sous les murs de Gênes, disputaient le terrain avec un invincible acharnement et pouvaient opposer à nos bataillons fatigués des renforts toujours plus nombreux.

Casteggio, pris et repris avec des efforts inouis de part et d'autre, était couvert de morts et de blessés ; 8 à 9,000 Français seulement avaient à lutter contre 15 à 16,000 Autrichiens. Enfin, ceux-ci menaçaient de couper le chemin de Casteggio à Broni et d'envelopper l'avant-garde du général Lannes, composée des 22ᵉ, 28ᵉ et 40ᵉ (1).

Mais le Premier Consul avait pourvu à toutes les éventualités, et le secours promis au général Lannes allait paraître au moment décisif. Victor, qui devait appuyer le général Lannes, et qui était parti le matin de Broni, avait précipité sa marche en entendant le bruit du canon ; il arrive, avec la division Chambarlhac, sur le terrain au moment où les Autrichiens, rassemblant toutes leurs forces, faisaient une tentative désespérée pour enfoncer notre ligne. Le général Rivaud est lancé sur les hauteurs de gauche, pendant que le général Chambarlhac se réunit au centre pour reprendre Casteggio. Le mouvement du général Rivaud, conduit avec intrépidité, force les Autrichiens à abandonner successivement les hauteurs qui dominaient Casteggio. « En même temps, « la 96ᵉ charge avec impétuosité le centre par la grande « route et parvient à le percer au milieu d'une grêle de « mitraille. Bientôt plusieurs parties de la ligne com

---

(1) Rapport du général Rivaud. Pièces justificatives.

« mencent à plier. Les généraux Lannes et Victor profi-
« tent de ce moment; l'ordre est donné à tous les corps de
« charger à la fois, l'ennemi cède sur tous les points. »(1)
Il se retire précipitamment sur Voghera, laissant dans
Casteggio son arrière-garde, qui est obligée d'abandonner un grand nombre de prisonniers pour se faire jour.

La déroute était complète et l'ennemi fut poursuivi
jusqu'à Montebello, où le général Rivaud, arrivé à huit
heures du soir, s'arrêta pour passer la nuit. La division
Watrin coucha sur le champ de bataille qu'elle avait si
glorieusement conquis.

L'action avait duré depuis onze heures du matin ;
engagée contre des forces très-supérieures, elle avait été
soutenue par le général Lannes avec un courage héroïque, jusqu'au moment où l'arrivée du général Victor,
avec une réserve de 5,000 hommes, lui avait permis de
culbuter les Autrichiens. C'était le premier engagement
sérieux de l'armée de réserve, elle débutait par une victoire qui devait électriser son courage.

La perte des Français s'éleva à un millier d'hommes,
celle des Autrichiens à 4,700 tués, pris ou blessés ;
cinq bouches à feu avec leurs caissons restèrent en notre
pouvoir.

L'acharnement des combattants avait laissé dans l'es-

---

(1) **Rapport** du **général** Dupont, chef d'état-major.

prit du général Lannes un souvenir si profond, qu'il répétait souvent qu'on avait entendu les os craquer pendant cette lutte meurtrière. Les Autrichiens s'étaient battus avec un courage admirable, mais il y avait sous les ordres du général Lannes des régiments auxquels le Premier Consul venait de dire : « Vous avez supporté « toutes les privations sans murmurer, il vous était dû « huit mois de prêt et vous n'avez pas fait entendre une « plainte ; pour vous témoigner ma satisfaction, je vous « ferai marcher à la tête de l'avant-garde dans la pre- « mière affaire. » Des troupes auxquelles on peut tenir un pareil langage sont invincibles.

On a beaucoup blâmé le général Mélas de n'avoir pris que des demi-mesures pour combattre les opérations hardies et décisives du Premier Consul. Si le général autrichien est coupable, c'est d'avoir trop longtemps douté de l'existence de l'armée de réserve ; de là, toutes les fautes commises sur le Var et sur le Tessin. Mais aussitôt que le voile tendu par le conseil aulique et la mauvaise fortune a été déchiré, le général Mélas a pris les mesures les plus énergiques. Il a compris que le danger était là où se trouvait le général Bonaparte, et n'a pas hésité à abandonner la ligne du Var et à renoncer à la prise de Gènes, pour concentrer plus promptement ses forces. Ce n'est pas sa faute si ses lieutenants ont mal exécuté ses ordres, si Elsnitz est arrivé péniblement au quartier général, après avoir perdu 6,000 hommes, et si le général Ott est resté devant Gênes trois jours après avoir reçu l'ordre qui le rappelait, afin d'obtenir l'évacuation de cette place, et de ne pas laisser échapper une tardive victoire.

Victime de l'aveuglement du conseil aulique, plus encore que du sien, trahi par la fortune, mal secondé par ses lieutenants, le vieux maréchal Mélas s'est trouvé paralysé au moment décisif, et n'a pu agir contre l'armée de réserve que le jour où elle était maîtresse de toutes les communications de l'armée impériale. On verra cependant qu'il sut dans cette extrémité prendre une résolution digne d'un général prévoyant et courageux.

D'un autre côté, on a fait honneur au Premier Consul de tout ce qui lui a réussi, et c'est avec raison, si l'on a voulu dire que ses succès doivent être principalement attribués à la grande conception d'un plan de campagne, dont la glorieuse invraisemblance a frappé d'aveuglement ses adversaires et dont l'exécution a devancé presque toutes les résistances. Cependant, il convient de ne pas oublier que la fortune, qui joue toujours un si grand rôle dans les opérations militaires, avait pris forcément le premier dans une expédition où tout était imprévu, où une armée entière tombait à l'improviste sur des corps dispersés et surpris. Il ne faut pas oublier non plus que la véritable armée autrichienne était à Gênes et sur le Var, quand l'armée de réserve a conquis

Verceil, Milan, Pavie, Plaisance et l'important défilé de Stradella.

Si le général Mélas avait disposé de ses forces, lorsque l'armée française était en marche sur Milan, et lui avait opposé les 50,000 hommes qu'il pouvait encore réunir à cette époque, il nous aurait attaqués avec d'autant plus de succès que notre ligne était alors trop étendue. Dans cette seconde phase de l'invasion de l'armée de réserve, c'est encore l'armée de Ligurie qui a retenu les Autrichiens loin de Pavie et de Plaisance, comme elle les avait retenus loin d'Ivrée et du Saint-Bernard. C'est donc Masséna et Suchet qui ont rendu faciles tous les succès énumérés jusqu'à ce jour, et nous sommes obligé de leur payer ici le tribut qui revient à leur courageuse résistance. Il reste à l'armée de réserve une assez belle part de gloire dans les journées de Montebello et de Marengo, dans ces deux victoires qu'elle ne doit qu'à elle-même, et qui suffiront à soutenir sa renommée à travers les siècles.

Avant le 10 juin, Mélas et Bonaparte, éloignés l'un de l'autre, ont opéré sur des champs de bataille différents. A dater du 10 juin, la situation change; les armées se sont rapprochées, le général autrichien a rassemblé toutes ses forces; Elsnitz est arrivé à Acqui; Ott s'est replié sur Marengo; Kaïm et Haddik, après avoir manœuvré vers Milan, à la suite de l'armée de réserve, sont revenus à Alexandrie, et Mélas va disposer de 30 à 40,000 hommes. De son côté, le général Bonaparte s'avance à sa rencontre à la tête d'un nombre à peu près égal.

Recueillons-nous un moment pour étudier la situation respective des Autrichiens et des Français à la veille de la grande journée qui va changer la face de l'Europe.

CHAPITRE X.

Position respective des armées avant la bataille de Marengo. — Description de la plaine de Marengo. — Préparatifs du général Mélas. — Il se décide à marcher sur l'armée française pour aller gagner la ligne de Mantoue. — Les circonstances donnent le change au général Bonaparte. — Il s'éloigne du champ de bataille ; un accident heureux l'arrête dans sa marche.

Le Premier Consul avait passé les Alpes sans rencontrer une résistance sérieuse ; arrêté un seul moment par le fort de Bard, il avait réussi à tourner cet obstacle et à poursuivre impunément sa marche audacieuse à travers les avalanches et les précipices.

Arrivé au débouché de la vallée d'Aoste, à l'entrée des plaines de l'Italie, il avait dépendu de lui de choisir sa ligne d'opération, à l'est ou à l'ouest, vers Turin ou vers Milan. Quelques affaires d'avant-garde lui avaient ouvert la route de cette dernière capitale, et huit jours avaient suffi pour faire tomber en son pouvoir la plus grande partie de la république Cisalpine. Milan, Pavie, Plaisance, Crémone, et les principaux magasins de l'armée autrichienne qui s'y trouvaient rassemblés, avaient été conquis. Enfin, toutes les communications du général Mélas avec le cœur de l'Empire avaient été coupées, et l'armée impériale se trouvait resserrée dans un cercle étroit, entre l'armée de réserve et l'armée de Ligurie.

Rien n'avait manqué jusqu'ici au succès de cette merveilleuse expédition : l'armée française et l'armée autrichienne n'étaient plus qu'à deux ou trois étapes l'une de l'autre, et la rencontre, si vivement désirée, si heureusement préparée, semblait aussi prochaine qu'inévitable.

Mais ici, devaient commencer les doutes du Premier Consul ; après avoir si longtemps et si habilement donné le change à l'ennemi, il se trouvait livré lui-même aux plus pénibles anxiétés. Où se trouvait l'armée de Ligurie? Que faisaient Masséna et Suchet depuis l'évacuation de Gênes? Où était le général Mélas lui-même? Quel plan avait-il adopté? Plusieurs étaient également probables, mais aucun ne se dévoilait. Si quelque chose paraissait certain, au milieu de ces incertitudes, c'est que le général autrichien manœuvrait pour échapper à l'armée de réserve et pour éviter l'engagement décisif qui devait donner l'Italie au vainqueur.

Dans cette persuasion, le Premier Consul prit le parti de garder en même temps tous les passages que l'ennemi pouvait être tenté de s'ouvrir pour regagner la ligne de Mantoue, d'observer la rive gauche du Pô, vers laquelle le général Mélas devait se rejeter, s'il prenait le parti de regagner Milan; de surveiller la route de Gênes, que l'armée autrichienne devait suivre dans le cas où ce général se serait décidé à occuper cette place et à y renouveler la lutte que Wurmser avait soutenue à Mantoue quelques années auparavant. Enfin, de se placer lui-même à Stradella, au centre des communications qu'il voulait fermer, afin de se porter plus rapidement, avec des forces supérieures, vers le débouché que l'armée autrichienne aurait choisi.

Pour assurer le succès de ce plan, le Premier Consul distribua ses forces dans les positions suivantes : il laissa la division Chabran à Verceil et la division Lapoype à Pavie; ces deux divisions, formant ensemble 9 à 10,000 hommes, devaient se replier l'une sur l'autre et disputer le passage du Tessin jusqu'à la dernière extrémité, afin de donner au Premier Consul le temps de venir se joindre à elles avec de nouveaux renforts. La division Bethencourt fut échelonnée sur la route du Saint-Gothard, pour assurer à l'armée de réserve une retraite facile en cas de mésaventure. La division Gilly fut chargée de garder Milan et de contenir les Autrichiens renfermés dans la citadelle. La division Lorges et la division Loyson, comptant à peu près 10,000 hommes, eurent mission d'occuper Lodi et Crémone, pour contenir le général Vukassowich, qui avait été rejeté au delà de ces positions. Enfin, 30,000 hommes durent se concentrer à Stradella, où le Premier Consul établit son quartier général.

Quelques écrivains ont admiré sans réserve ces dispositions du général Bonaparte ; d'autres y ont vu une dispersion blâmable, à l'approche d'un moment décisif, des forces dont il pouvait disposer. Nous dirons, avec les premiers, que les dispositions militaires du Premier Consul étaient parfaitement combinées, dans la supposition admise par ce général, que son adversaire cherchait à éviter le combat. Mais il faut bien convenir, d'un autre côté, qu'il était périlleux de rendre trop difficile la concentration de l'armée de réserve, dans le cas où le général autrichien viendrait lui offrir la bataille avec toutes ses forces réunies.

En d'autres termes, le général Bonaparte s'est montré ici, comme toujours, un habile capitaine, mais il a trop sacrifié à ses prévisions sur la marche et les projets de l'ennemi. A la guerre, ces erreurs sont funestes aux généraux les plus expérimentés ; le général Mélas avait payé bien cher ses doutes obstinés sur le passage du Saint-Bernard par l'armée française. Le général français allait éprouver à son tour les dangers d'une fatale méprise.

Le général autrichien ayant appris, coup sur coup, la retraite du général Elsnitz, la chute de Pavie, de Milan et de Plaisance, avait pensé qu'il ne pouvait se relever de cette position désespérée que par un combat décisif, et qu'il devait aller résolument à la rencontre du Premier Consul, sans lui laisser le temps de rallier l'armée de

Ligurie. Dans ce but, il avait ordonné, comme nous l'avons vu, la réunion de toutes ses forces à Alexandrie, et il était parti, le 8, de Turin, pour se rendre lui-même au lieu de ralliement. C'est pendant cette marche qu'il apprit le nouveau désastre que l'imprudence ou l'erreur du général Ott avait attiré sur les armes autrichiennes. Loin de se sentir découragé par cette fâcheuse nouvelle, il y avait trouvé un motif impérieux de suivre le plan qu'il méditait, et, le 10, il écrivit à lord Keith que son but était de livrer bataille, et, s'il était battu, de se retirer sur Gênes; il priait en conséquence l'amiral anglais d'y réunir tous les approvisionnements nécessaires.

L'imposante armée du général Mélas était bien déchue depuis l'ouverture de la campagne. Elle avait perdu environ 30,000 hommes sous les murs de Gênes et dans la malheureuse campagne du Var ; le général Ott avait sacrifié inutilement 7,000 hommes à Montebello ; plus de 40,000 hommes étaient dispersés pour veiller à la défense des places du Piémont, de Turin, de Coni, et surtout de Gênes, où le comte Hohenzollern avait dû retenir des forces imposantes, sous peine de voir enlever cette difficile conquête par l'armée même qui venait d'en signer la glorieuse évacuation. La diversion opérée par Masséna depuis six semaines survivait à la défense de Gênes et empêchait le général Mélas de réunir plus de 40,000 hommes sur la Bormida.

Toutefois, il ne faut pas oublier que ces troupes

étaient aguerries par les combats qu'elles venaient de livrer, qu'elles formaient l'élite de l'armée impériale, et qu'elles allaient se présenter en masse à un ennemi dont les forces étaient dispersées.

Le Premier Consul, voulant réorganiser son artillerie, qui se ressentait des obstacles qu'elle avait rencontrés en passant les monts, était resté à Stradella jusqu'au 11 juin. Ce jour là vit arriver au quartier général un des capitaines les plus distingués de ce temps fertile en héros, un de ces hommes rares qui réunissent toutes les vertus à tous les talents. Le général Desaix, abandonnant l'Égypte, où la guerre n'était plus possible, était venu de Toulon en toute hâte à l'armée d'Italie, pour prendre part aux combats qu'elle allait livrer. Le Premier Consul le rencontra aux avant-postes, le reçut avec la plus vive affection et lui donna aussitôt le commandement supérieur des divisions dont il n'avait pas encore disposé, celles des généraux Boudet et Monnier.

Le lendemain, 12 juin, le Premier Consul, étonné de rester sans nouvelles de la marche des Autrichiens, se porta en avant et établit son quartier général à Voghera. Là, il apprit que le général Ott, se repliant devant notre avant-garde, avait franchi la Scrivia. Cette retraite précipitée d'un corps assez considérable au delà d'un torrent qui couvrait les routes de Milan et de Gênes venait encore accréditer la supposition, déjà admise par le Premier Consul, que le général autrichien évitait une rencontre, soit en se portant sur le Tessin pour gagner Milan, soit en se retirant sur Gênes, pour fatiguer à son tour l'armée française devant cette place.

Impatient de prévenir cette retraite qui venait bouleverser tous ses plans, et qui lui arrachait la victoire au moment où elle ne semblait être qu'à la longueur d'une épée, le général Bonaparte se porta de nouveau en avant, afin de découvrir un ennemi dont il avait perdu la trace. Il passa la Scrivia au-dessous de Tortone, s'avança sur la route d'Alexandrie, jusqu'au milieu de la plaine de Marengo, la veille de la bataille qui allait s'y livrer, ignorant encore de quel côté il rencontrerait l'ennemi.

La plaine de Marengo, qu'il faut décrire ici pour l'intelligence des événements qui vont suivre, est située entre Alexandrie et Tortone, ou, pour mieux dire, entre la Scrivia et la Bormida ; son étendue entre ces deux rivières est d'environ quatre lieues ; elle est traversée par trois grandes routes, celles de Pavie, de Plaisance et de Gênes, qui se réunissent près de la Bormida pour entrer dans Alexandrie. Elle est de plus coupée, parallèlement à cette rivière, par un ruisseau fangeux et profond, appelé le Fontanone. Derrière ce ruisseau, à trois mille mètres du pont de la Bormida, sur la route de Plaisance, se trouve le village de Marengo, composé de quelques maisons construites en pierres ; on dirait une redoute à l'entrée de cette vaste plaine du côté d'Alexandrie. A droite de Marengo, sur la route de Pavie, se trouve un autre village, appelé Castelceriolo, qui commande l'entrée de la plaine de ce côté. Derrière ces deux villages et jusqu'à la Scrivia, la plaine de Marengo se déroule sans présenter aucun accident de terrain; on n'y rencontre que des fermes et des vignes, jetées çà et là comme pour reposer la vue ; on trouverait difficilement un plus magnifique champ de manœuvre pour la cavalerie ; il suffit de le parcourir pour se convaincre que la victoire devait y être décidée par une heureuse intervention de cette arme, et que le général Mélas ne pouvait mieux choisir le terrain du combat pour une armée qui comptait environ dix mille cavaliers. Au milieu de la plaine, à deux lieues de Marengo, se trouve le village de San-Giuliano ; à l'extrémité, sur la route de Voghera, le village de Torre di Garofalo, et, sur la route de Novi, le village de Rivalta. Nous appelons particulièrement l'attention du lecteur sur la situation et les noms de ces villages, qui vont jouer un grand rôle dans notre récit. (Voyez la carte de la plaine de Marengo à la fin de ce volume.)

Le Premier Consul s'avança jusqu'à San-Giuliano et fit battre la plaine dans toutes les directions, sans recevoir aucun renseignement sur la marche des Autrichiens; il apprit seulement que quelques détachements occupaient Marengo; il ordonna au général Victor, renforcé de la cavalerie de Kellermann, de marcher sur ce village, de culbuter les postes ennemis et de pousser jusqu'à la tête de pont qui existait sur la Bormida, en avant d'Alexandrie.

Victor rencontra à Marengo 3 ou 4,000 hommes, commandés par le général O'Reilly ; il emporta vivement le village et mena les Autrichiens au pas de charge jusqu'à la tête de pont de la Bormida, où il fut arrêté par des retranchements pourvus d'une artillerie nombreuse ; il se replia sur Pedrabona, vaste ferme, située entre la Bormida et le Fontanone, y laissa la division Gardanne, et vint camper à Marengo.

En recevant le rapport du général Victor, le Premier Consul ne douta plus que le général autrichien n'évitât tout engagement sérieux et ne voulût lui échapper, en se jetant sur Gênes ou sur Pavie. Le rapport d'un faux espion, soldé par les Autrichiens, vint confirmer cette prévision. Il envoya en conséquence le général Desaix vers Novi pour surveiller la route de Gênes, le général Monnier à Castelnovo di Scrivia, sur la route de Pavie, et se décida à retourner lui-même à Voghera, pour y attendre les nouvelles des différents corps placés sur la rive gauche du Pô, laissant le général Victor à Marengo et le général Lannes en arrière de ce village, en échelons dans la plaine.

Pendant que le Premier Consul s'éloignait des champs de Marengo pour aller chercher les Autrichiens sur la route de Milan, le vieux maréchal Mélas tenait un conseil de guerre au milieu de tous ses généraux ; il leur exposait la situation critique où les illusions du conseil aulique avaient conduit l'armée impériale, l'épuisement prochain et inévitable des approvisionnements échappés à l'ennemi et l'imminence d'une jonction entre l'armée de réserve et l'armée de Ligurie.

Mais, loin de conclure à une retraite précipitée, ainsi que le présumait le Premier Consul, pour éviter la rencontre de l'armée française, il combattit le projet de se retirer sur Gênes ou sur Milan, comme offrant à l'armée des chances de salut trop incertaines ; il fit remarquer qu'on ne pouvait se porter sur Gênes sans rencontrer Masséna aux défilés des Apennins, et sans être poursuivi par Bonaparte, c'est-à-dire sans se trouver pris entre deux feux. Il proposa, en conséquence, de suivre le plan sagement et secrètement préparé depuis quelques jours, de marcher au-devant du Premier Consul sur la route de Plaisance, de livrer une bataille décisive, de se faire jour jusqu'à Mantoue et de rétablir ainsi ses communications avec les États héréditaires de l'empire d'Autriche.

Cette résolution étant la plus courageuse, parut aussi la plus digne de cette vieille armée qui, même dans ses derniers revers, avait soutenu héroïquement l'honneur des armes autrichiennes. L'avis du général Mélas fut donc adopté à l'unanimité et des dispositions furent prises pour en assurer la plus prompte exécution. Il fut décidé que l'armée autrichienne sortirait le lendemain matin d'Alexandrie et marcherait sur Plaisance, en passant sur le corps des Français; que 8,000 hommes, sous le général Ott, se porteraient à gauche, sur la route de Pavie par Salé; que le général en chef, avec le corps de bataille, fort d'environ 20,000 hommes, et composé des divisions Haddik, Kaïm, Morzin et Elsnitz, marcherait sur Marengo et San-Giuliano, puis se rabattrait sur la gauche pour se réunir au général Ott; qu'enfin, le général O'Reilly, s'avançant sur la droite, avec environ 3,000 hommes, suivrait le mouvement du corps de bataille, en le couvrant de flanc.

Si l'on s'en rapporte à cet exposé, consigné dans les documents autrichiens et admis par le général Jomini, l'armée impériale, entrée en ligne à Marengo, aurait été forte de 31,000 hommes. Quelques historiens l'ont portée à 40,000. Nous croyons cette évaluation exagérée, et nous sommes en mesure d'affirmer, grâce aux recherches et aux supputations auxquelles nous nous sommes livré, que les forces réunies par le général Mélas à Marengo présentaient un effectif d'environ 35,000 combattants (1).

Le général autrichien avait fait une faute, la veille, en laissant tomber au pouvoir des Français le village de

---

(1) C'est le chiffre adopté par le général Rivaud. Pièces justificatives n° 6.

Marengo, qui était le principal débouché de son plan d'opération. Nous verrons tout à l'heure ce que cette faute a coûté au général Mélas, au début de la journée. Mais, en même temps, il faut reconnaître qu'elle a porté le Premier Consul a persévérer dans son erreur et à l'aggraver encore, puisqu'elle l'a conduit à subdiviser les 25,000 hommes qu'il avait amenés dans la plaine de Marengo, à éloigner d'une journée de marche deux divisions d'infanterie avec sa garde consulaire, et à laisser seulement trois divisions d'infanterie, avec deux brigades de cavalerie, formant ensemble environ 15,000 hommes, sur le champ de bataille où le sort de l'Europe allait se décider le lendemain.

Aucune disposition ne pouvait être plus favorable au général Mélas et à l'accomplissement de son courageux dessein. Mais la fortune, qui avait été si propice au général Bonaparte depuis le début de cette mémorable campagne, lui avait ménagé les moyens de venir au secours des divisions exposées dans la plaine de Marengo.

Pour se rendre à Voghera, le Premier Consul devait repasser la Scrivia, qu'il avait franchie la veille ; pendant la nuit, un orage avait tellement grossi cette rivière qu'il fut obligé de s'arrêter devant elle et de camper à Torre di Garofalo, avec la division Monnier. Du côté de Novi, le général Desaix avait rencontré un obstacle semblable, un torrent débordé, et, après avoir perdu deux cavaliers, qui avaient essayé de passer à la nage, il avait dû s'arrêter à Rivalta avec la division Boudet. C'est ainsi que les divisions Monnier et Boudet, qui devaient se trouver le 14, l'une à Voghera et l'autre à Novi, bivouaquèrent à une demi-étape de Marengo et purent arriver sur le champ de bataille, comme nous le verrons, avant la fin de la journée. On a dit que le général Desaix avait été rappelé par le bruit du canon : c'est une erreur à ajouter à toutes celles qui ont été répandues sur la bataille de Marengo. Elle a déjà été relevée dans les *Mémoires du duc de Bellune*, qui fait observer, avec raison, que Rivalta étant à environ dix kilomètres de San-Giuliano, Desaix aurait pu arriver sur le champ de bataille à dix heures du matin, s'il s'était mis en marche, comme le raconte M. Thiers, peu après les premiers coups de canon. Personne ne contestera que le général Desaix ne fut homme à répondre à un pareil signal, mais la vérité est qu'il a été rappelé par un ordre du Premier Consul, et nous reproduirons le texte même de cet ordre, que nous avons emprunté à un témoignage particulier digne de foi.

Nous devions ces explications préliminaires au lecteur, afin de préciser quelle était la situation stratégique des deux armées, au moment où le soleil du 14 juin s'est levé sur la plaine de Marengo. Nous rappellerons également, en abordant le récit de la bataille, que nous avons eu recours aux souvenirs inédits du général de Faverges, attaché à l'état-major du général Zach, et aux rapports écrits sur le champ de bataille par les généraux français; que ces documents inconnus, ou trop négligés jusqu'à ce jour, nous ont permis d'assister à tous les engagements de la journée du 14 juin, à côté de ceux qui les ont dirigés, de donner la parole à ces illustres auteurs, dans tous les moments décisifs, et d'imprimer à notre relation le caractère de la vérité prise sur le fait.

Enfin, pour échapper à la confusion que présente le récit des grandes batailles, confusion d'autant plus difficile à éviter que la journée de Marengo a commencé à la pointe du jour et a fini longtemps après le coucher du soleil, nous avons divisé ce grand drame en trois actes bien distincts :

Le premier embrasse la lutte qui s'est engagée entre l'armée autrichienne et les divisions des généraux Victor et Lannes, depuis neuf heures du matin jusqu'à deux heures de l'après-midi, c'est-à-dire depuis le commencement de l'action jusqu'à l'arrivée de la division Monnier et de la garde consulaire ;

Le second acte s'ouvre par les manœuvres que le Premier Consul, arrivé sur le champ de bataille, dirigea lui-même, pour soutenir la retraite de l'armée française jusqu'à l'arrivée du général Desaix ;

Enfin, le troisième acte commence vers cinq heures de l'après-midi, au moment où le général Desaix, arrivé à San-Giuliano avec une dernière réserve, permit au Premier Consul de faire un effort désespéré pour arrêter la marche victorieuse des Autrichiens et donner à notre cavalerie l'occasion d'exécuter une charge audacieuse qui ramena la victoire sous nos drapeaux.

Grâce à cette division du récit des opérations militaires, il sera facile d'en embrasser les divers développements; ce sera le fil d'Ariane, qui permettra au lecteur le moins expérimenté de se porter par la pensée sur tous les points du champ de bataille, et d'y suivre, sans s'égarer, les principales évolutions des deux armées.

CHAPITRE XI.

Bataille de Marengo. — Les Autrichiens sortent d'Alexandrie à la pointe du jour. — Ils attaquent la position de Marengo vers neuf heures. — Ils sont repoussés à plusieurs reprises et n'emportent la position qu'après une lutte de cinq heures. — Les généraux Victor et Lannes, forcés de battre en retraite, sont secourus par le Premier Consul. La division Monnier et la garde consulaire retardent les succès de l'ennemi. — Les Autrichiens redoublent d'efforts et déterminent enfin la retraite de l'armée française sur toute la ligne. — Le général Mélas retourne à Alexandrie et expédie à Vienne le colonel Radetzki pour annoncer sa victoire. — Le général Zach prend le commandement et repousse les Français jusqu'à San-Giuliano. Il était cinq heures ; la bataille paraissait perdue. — Le général Desaix arrive avec la division Boudet. — Le Premier Consul se décide à engager une nouvelle lutte avec cette dernière réserve. — Desaix est tué au premier choc ; sa division plie, les colonnes autrichiennes se précipitent sur elle ; la cavalerie du général Kellermann saisit le moment de les charger en flanc avec impétuosité. — Succès de cette charge. — Panique de l'armée autrichienne. — Déroute générale. — Les Autrichiens rentrent dans Alexandrie. — L'armée française campe à Marengo. — Pertes des deux armées.

BATAILLE DE MARENGO.

Procella equestris.....
Tite-Live.

Le 14 juin, à la pointe du jour, l'armée autrichienne commença à sortir d'Alexandrie, et franchit la Bormida sur deux ponts, dont l'un avait été jeté pendant la nuit (1). Toutefois, la tête de pont elle-même n'ayant qu'une issue, le déploiement de l'armée ennemie ne s'opéra pas aussi rapidement qu'on l'avait espéré, et l'action ne fut pas engagée dès le matin avec toutes les forces dont on aurait pu facilement disposer, si l'on avait agi avec plus de prévoyance.

Le général O'Reilly, qui formait l'avant-garde, attaqua les avant-postes de la division Gardanne à Pedrabona, et les força à se replier sur Marengo; puis il se porta sur la droite, en prenant la direction qui lui avait été assignée dans le plan général d'attaque. Le colonel Frimont, qui était en tête du corps de bataille, marcha directement sur Marengo, dans la voie que le général O'Reilly venait de lui ouvrir. Enfin, le général Ott, qui devait former la gauche, sortit le dernier de la tête de pont, en se dirigeant sur le village de Castelceriolo.

Arrivé devant Marengo, le général Mélas comprit la faute qu'il avait faite la veille, en abandonnant une position qui lui aurait permis de déboucher à son gré par les belles routes qui viennent s'y réunir; c'était en effet la clef de la plaine, il fallait la reprendre promptement et à tout prix. Le général Haddik reçut l'ordre de l'enlever d'assaut.

---

(1) Souvenirs du général marquis de Faverges, de l'état-major général autrichien. (*Histoire des guerres européennes*, P. J., n° 15.

CHAPITRE XI.

De son côté, le général Victor, comprenant l'importance d'une position que le Fontanone couvrait d'une défense naturelle, avait pris toutes ses dispositions pour opposer aux Autrichiens une résistance vigoureuse. Averti, dès la pointe du jour, par le mouvement qui se faisait remarquer du côté d'Alexandrie et sur la Bormida, il avait placé la division Gardanne, forte de 3,600 hommes, en avant de Marengo, sur le bord du Fontanone; la division Chambarlhac, forte de 5,200 hommes, en seconde ligne, sur le même front, la brigade Kellermann flanquant l'extrême gauche jusqu'aux marais de la Bormida (1).

Il était environ neuf heures lorsque le général Haddik se porta vers la position de Marengo, avec la division Bellegarde. Arrivés sur le bord du Fontanone, les Autrichiens se disposaient à le franchir, sans en mesurer la profondeur et sans s'arrêter à une vive fusillade que la division Gardanne dirigeait contre eux, lorsque le général Victor, accourant lui-même avec sa seconde ligne au secours de la première, dirigea sur l'ennemi un feu si meurtrier, qu'il l'empêcha d'exécuter son dessein. Le général Haddik fut mortellement blessé dans cette rencontre, au moment où, reconnaissant l'impuissance de ses efforts, il donnait l'ordre de battre en retraite.

---

(1) Rapport écrit par le général Victor sur le champ de bataille. Pièces justificatives, n° 7.

Le général Kaïm, qui suivait avec sa division, prit la tête de la colonne et renouvela l'attaque. Mais tous ses efforts pour franchir le Fontanone furent inutiles, il fut obligé d'y renoncer, à son tour, après avoir perdu beaucoup de monde dans une fusillade à bout portant, d'un côté du fossé à l'autre. Ces engagements avaient duré plus de deux heures, sans que les Autrichiens eussent réussi à gagner un pouce de terrain (1).

Il était onze heures; le général Lannes, qui avait campé à San-Giuliano, en arrière du général Victor, venait d'arriver au secours de son frère d'armes et avait pris sa droite avec la division Watrin et la brigade Champeaux. Le combat s'engagea de nouveau sur toute la ligne, le général Lannes prit en flanc les divisions ennemies qui tentaient de franchir le Fontanone et les força de rétrograder (2).

Sur ces entrefaites, le général Pilati, qui avait reçu du général Mélas l'ordre de se porter à droite, pour chercher un passage moins difficile et venir attaquer l'ennemi en flanc, avait réussi à faire passer un à un les dragons du régiment de l'Empereur sur l'autre bord du fatal fossé. « Mais à peine les escadrons avaient-ils

---

(1) Rapport du général Victor. Pièces justificatives, n° 7.
(2) Rapport écrit par le général Lannes sur le champ de bataille. Pièces justificatives, n° 8.

« quitté la partie boisée de la plaine, pour se porter
« dans la prairie et charger l'infanterie française en flanc,
« qu'ils furent aperçus par Kellermann ; ce général les
« joignit avant qu'ils aient eu le temps de se former, les
« culbuta et les jeta en deçà du fossé : hommes et
« chevaux y tombèrent pêle-mêle. Tout ce qui ne perdit
« pas la vie dans cet affreux désordre fut sabré ou fait
« prisonnier. » (1).

On put croire un moment que cet heureux succès, combiné avec celui du général Lannes sur la droite de l'ennemi, avait rendu l'avantage à nos troupes ; le feu s'éteignit et le combat parut suspendu. Mais ce repos n'était qu'apparent, le général autrichien faisait de nouvelles dispositions pour nous attaquer avec plus de vigueur, et attendait que l'armée entière, qui avait si lentement débouché, fût arrivée en ligne et le mît en mesure de profiter de la supériorité du nombre.

Bientôt, en effet, le général O'Reilly, débordant notre gauche, prit en flanc la division Gardanne, tandis que le général Kaïm dirigeait, au centre, un troisième assaut sur la position de Marengo. Les troupes autrichiennes arrivèrent jusqu'au bord du Fontanone sous une grêle de balles. Quelques soldats du régiment de l'archiduc Joseph atteignirent le bord opposé et parvinrent à s'y

---

(1) Ce passage est extrait de la relation officielle de la *Gazette militaire de Vienne*.

maintenir, sous la protection d'une artillerie formidable. Pendant ce temps, le général Ott, venant de Castelceriolo, où il était arrivé sans obstacle, avait assailli le général Lannes sur sa droite. Le général Champeaux, qui flanquait la division du général Lannes de ce côté, chargea plusieurs fois avec intrépidité pour arrêter l'ennemi, mais il reçut une blessure mortelle, sans réussir à dégager notre aile droite.

Ces mouvements, combinés pour attaquer simultanément notre centre et nos ailes, furent décisifs. Le général Rivaud tenta vainement de se porter à la rencontre des Autrichiens qui avaient franchi le fossé, pour les y rejeter, comme notre cavalerie y avait rejeté les dragons du général Pilati. « Une fusillade extrêmement vive
« s'engagea à bout portant, écrit le général Rivaud; elle
« dura un grand quart-d'heure; les hommes tombaient
« comme grêle de part et d'autre ; je perdis dans cet
« instant la moitié de ma ligne, ce ne fut plus qu'un
« champ de carnage, tous ceux qui, dans ma brigade,
« étaient à cheval, furent tués ou blessés, les chefs de
« bataillons et les capitaines furent atteints dangereuse-
« ment, mes ordonnances furent tués, mon aide de
« camp eut la cuisse traversée, moi-même je fus forte-
« ment blessé à la cuisse par un biscaïen. » (1)

---

(1) Rapport écrit par le général Rivaud sur le champ de bataille. Pièces justificatives, n° 6.

Ce suprême effort ne put sauver la position de Marengo ; les Autrichiens avaient fait des pertes considérables, mais ils avaient pu les réparer, de nouveaux renforts leur étaient arrivés à chaque instant, tandis que nos bataillons, accablés par le nombre, n'avaient pas même la ressource de remplacer leurs munitions épuisées. Il était deux heures, il fallut songer à une retraite que l'héroïsme même ne pouvait plus conjurer.

Ici finit le premier acte de la bataille de Marengo, il avait été glorieusement rempli par la défense du Fontanone et par la résistance brillante de quelques divisions au choc impétueux de l'armée autrichienne tout entière. Nous n'avons rien eu à changer aux principales relations publiées jusqu'à ce jour, il nous suffit d'y avoir ajouté l'expression même des témoins oculaires et des principaux acteurs, afin d'imprimer à notre récit une couleur plus locale. Mais au moment où commence la retraite, les écrivains commencent aussi à mettre de la confusion dans leurs récits et à s'écarter de la vérité des faits. Arrêtons-nous donc un instant, pour relever les erreurs les plus accréditées, avant d'entamer le récit du second acte de la journée.

M. Thiers a fait arriver le général Bonaparte sur le champ de bataille à dix heures du matin et l'a fait prendre part aux premiers engagements. La vérité est que le Premier Consul n'était pas et ne pouvait pas être sur le champ de bataille à cette heure. La relation du grena-

dier Petit, attaché à son escorte, est explicite à cet égard et donne quelques détails qui méritent de trouver place ici. Cette intéressante relation a été imprimée en 1800, et respire l'admiration la plus profonde pour le Premier Consul : c'est donc en même temps un souvenir contemporain et bienveillant. Or, voici ce qu'il a raconté le lendemain, pour ainsi dire, de l'événement : « On ne
« fut véritablement instruit au quartier général des in-
« tentions de l'ennemi que sur la fin de la matinée.
« Berthier s'était transporté sur le champ de bataille.
« Dès le matin, les aides de camp se succédant les uns
« aux autres, avertissaient le Consul des progrès de l'en-
« nemi. Les blessés commençaient à arriver, disant que
« l'Autrichien était en force.

« D'après ces renseignements, le Consul monta à
« cheval à onze heures et se porta rapidement sur le
« champ de bataille. Le canon et la mousqueterie s'a-
« nimant de plus en plus, se rapprochaient de nous.
« Un très-grand nombre de blessés, tant de la cavalerie
« que de l'infanterie, conduits et portés par leurs ca-
« marades, rétrogradaient d'une manière effrayante...
« A midi il n'y eut plus de doute que nous eussions af-
« faire à toutes les forces autrichiennes. » (1)

Parti à onze heures de Torre di Garofalo, et ayant

---

(1) Relation du grenadier Petit, p. 49.

environ quatre lieues à parcourir pour arriver sur le champ de bataille, le Premier Consul ne pouvait s'y trouver avant une heure. Notre version est donc seule probable ; elle est d'ailleurs confirmée par les mémoires du maréchal Victor (1).

M. Thiers a commis une erreur géographique non moins grave en plaçant le village de San-Giuliano à trois quarts de lieue de Marengo, tandis qu'il en est éloigné de deux lieues, ainsi que nous l'avons reconnu nous-même en parcourant la plaine de Marengo. Inutile de faire remarquer jusqu'à quel point des erreurs semblables ont dû altérer l'exactitude des récits de nos plus illustres devanciers, et sans doute il n'est pas besoin d'insister plus longtemps pour préparer le lecteur à un exposé tout nouveau des événements. Au reste, nous laisserons le soin de rétablir la vérité à ceux qui ont autorité pour le faire ; c'est au général Lannes lui-même que nous allons donner la parole en reprenant notre récit.

« Après une canonnade et une fusillade de cinq heu-
« res, dit ce général, l'ennemi enfonça notre centre et
« força les troupes du général Victor à battre en retraite ;
« dans ce moment-là je me trouvai presque enveloppé
« par les troupes ennemies qui enfonçaient le centre, et,
« voyant que la gauche avait plié tout à fait, j'ordonnai
« la retraite. »

---

(1) Voyez *Mémoires du duc de Bellune*, p. 176.

C'est dans ce moment decisif que le Premier Consul parut sur le champ de bataille, il était accompagné de la garde consulaire et de la division Monnier que le débordement de la Scrivia avait si heureusement retenu la veille à Torre di Garofalo. La présence du Premier Consul ranima le courage de nos troupes, et il se hâta de mettre à profit la confiance qu'il savait si bien inspirer, pour reprendre l'offensive. Mais son coup d'œil toujours si pénétrant lui avait fait comprendre qu'aucune entreprise ne pourrait réussir vers le centre, où les Autrichiens avaient réuni des forces trop supérieures ; le seul moyen de leur imposer était de leur donner des inquiétudes sérieuses sur leur flanc. Il ordonna en conséquence à la division Monnier de se porter en avant pour dégager la droite du général Lannes et enlever la position de Castelceriolo.

Ce mouvement, conduit avec résolution, obtint un succès complet, les ennemis qui débordaient le général Lannes furent refoulés jusqu'au Fontanone et rejetés dans les marais de la Bormida ; en même temps le village de Castelceriolo fut enlevé à la baïonnette.

Toutefois cette diversion ne produisit pas sur l'armée autrichienne l'effet qu'on avait espéré. Les colonnes ennemies du centre s'avançant dans une plaine sans obstacle, appuyées d'une artillerie formidable dont les feux criblaient nos bataillons épuisés, ne pouvaient plus redouter une habile, mais trop faible agression. Elles continuèrent à se porter en avant et menacèrent bientôt de rompre l'ordre de bataille oblique par échelons, que le général Bonaparte avait dû former en portant la division Monnier en avant du centre et de l'aile gauche. La garde consulaire, qui n'avait pas encore été engagée et que dès ce temps le Premier Consul réservait pour frapper les coups décisifs, fut appelée à combler l'immense intervalle qui séparait le corps du général Lannes de la brigade Carra-Saint-Cyr qui occupait Castelceriolo. Cette garde intrépide repoussa une première charge des dragons Lobkowitz et, soutenue par quelques escadrons de la brigade Champeaux, elle se porta en avant à la rencontre du général Ott. Mais le régiment autrichien Spleny ayant fait reculer ces escadrons, la garde se trouva bientôt seule contre le corps entier du général Ott. Elle résista encore à ces forces supérieures et arrêta quelque temps leur marche victorieuse, jusqu'à ce qu'enfin le colonel Frimont, se précipitant sur les derrières de cette héroïque phalange, enleva ses pièces de canon et la força de se replier en laissant un grand nombre de morts sur le champ de bataille. Tous les témoins oculaires sont unanimes sur cet épisode. « Les grenadiers à pied, dit « le général Murat dans son rapport, ont soutenu à la « droite plusieurs charges de cavalerie, l'arme au bras, « et ont arrêté pendant longtemps le succès de l'ennemi; « ce corps a perdu cent vingt hommes (1). »

---

(1) Rapport officiel du général Murat. Pièces justificatives, n° 10.

Le grenadier Petit tient le même langage : « Les
« grenadiers à pied de la garde consulaire, dit-il,
« chargés trois fois par la cavalerie, fusillés par l'infan-
« terie à cinquante pas, entourent leurs drapeaux et leurs
« blessés en bataillon carré, épuisent leurs cartouches,
« se hâtent lentement et avec ordre et rejoignent notre
« arrière-garde étonnée. » (1)

Sur ces entrefaites, le général Monnier avait quitté la position de Castelceriolo, dans laquelle il pouvait être enveloppé, et s'était vu forcé à suivre le mouvement de retraite du centre et de la gauche que le Premier Consul avait ralenti, sans pouvoir le suspendre, par les plus héroïques efforts. Le rapport officiel du général Monnier, qui jusqu'à ce jour avait échappé à toutes les recherches, et que nous devons à l'obligeante communication de la veuve du général Dupont, chef d'état-major de l'armée, résume et confirme tout ce que nous venons de raconter. Le lecteur nous saura gré de le placer ici, pour mettre fin à toutes les controverses.

« La division, dit ce général, arriva sur le champ de ba-
« taille à deux heures après midi, elle fut dirigée sur notre
« droite, où l'ennemi s'avançait en force. La 19ᵉ, con-
« duite par le général Carra-Saint-Cyr, se porta à droite,
« s'avança en colonne serrée sur le village de Castelce-

---

(1) Relation du grenadier Petit, p. 52 et 53.

« riolo ; elle l'enleva de vive force, tandis que la 70ᵉ,
« commandée par le général Schilt, qui suivait à hauteur
« son mouvement sur sa gauche, menaçait de prendre à
« revers le centre de l'ennemi. Les colonnes nombreuses
« en infanterie et cavalerie ne purent résister à notre
« choc impétueux, elles se replièrent dans le plus grand
« désordre dans les marais en avant de la Bormida, en
« nous abandonnant deux pièces d'artillerie et trois cais-
« sons. Notre attaque dégagea la droite, mais l'ennemi,
« qui s'était renforcé sur son centre, ayant obligé les
« troupes qui soutenaient notre gauche à se replier,
« *nos deux colonnes se trouvèrent enveloppées* dans le village
« et dans la plaine, elles se défendirent avec vigueur,
« l'ennemi ne put jamais les entamer. Après une heure
« de résistance, n'ayant pas été secourues, elles se dé-
« gagèrent et firent leur retraite dans le plus grand ordre
« sur San-Giuliano, où l'armée se ralliait. » (1)

Le rapport des officiers de la brigade Carra-Saint-Cyr, déposé au ministère de la guerre, n'est pas moins explicite sur l'abandon de Castelceriolo et la retraite de notre droite. « Ils étaient, disaient-ils, partis le matin de
« Torre di Garofalo, où ils avaient passé la nuit. A leur
« arrivée sur le champ de bataille, ils avaient été dirigés
« sur Castelceriolo. Après s'être emparés de ce village et

---

(1) Rapport officiel du général Monnier. Pièces justificatives, n° 10.

« l'avoir quelque temps défendu contre l'infanterie légère
« autrichienne, voyant que toute la plaine de gauche
« était abandonnée par les troupes françaises, et qu'ils
« se trouvaient les derniers restés sur le champ de ba-
« taille, ils abandonnèrent Castelceriolo et revinrent à
« Torre di Garofalo; ils disaient encore qu'ils avaient
« exécuté ce mouvement à travers des vignes, qui les
« avait protégés contre la cavalerie autrichienne. » (1)

La relation officielle de 1806 a prétendu que le Premier Consul avait exécuté un changement de front et pivoté sur sa droite dans Castelceriolo en refusant sa gauche. Pour donner quelque vraisemblance à cette manœuvre, on a prétendu que la brigade Carra-Saint-Cyr était restée toute la journée barricadée dans Castelceriolo et que la garde consulaire avait été inébranlable comme un rocher de granit. On peut voir par les rapports authentiques que nous venons de citer que cette manœuvre est une fiction imaginée après coup. La vérité est que le Premier Consul, trompé par la faute que les Autrichiens avaient faite en abandonnant Marengo, a été surpris par un ennemi qu'il croyait en fuite, et est arrivé tardivement sur le champ de bataille, avec une réserve insuffisante pour résister aux masses ennemies qui se

---

(1) Rapport des officiers de la brigade Carra-Saint-Cyr. *Mémorial de la guerre*, t. IV.

précipitaient sur nous, après avoir enlevé la position de Marengo. Il a fait tout ce qu'un général habile et courageux aurait pu faire dans cette situation difficile et imprévue; il a tenté une habile diversion et retardé le succès de l'ennemi jusqu'à l'arrivée de la réserve qu'il attendait. C'est évidemment tout ce qu'il était possible d'espérer à l'heure où il était arrivé sur le champ de bataille et avec les ressources dont il pouvait disposer.

Nous croyons donc que la vérité n'ôte rien à la gloire du général Bonaparte, et qu'il est permis de l'exposer aujourd'hui sans détour. Le Premier Consul l'avait dit lui-même dans le bulletin officiel qu'il a rédigé sur le champ de bataille et publié dans le *Moniteur* de l'époque.

« La cavalerie ennemie, dit ce bulletin, fit un mouve-
« ment sur notre gauche, qui se trouvait ébranlée ; ce
« mouvement *précipita la retraite.* L'ennemi *avançait sur
« toute la ligne,* faisait un feu à mitraille avec plus de
« cent pièces de canon. Les routes étaient couvertes de
« fuyards, de blessés, de débris. La bataille paraissait
« perdue. » (1)

Faut-il ajouter à ce récit celui du grenadier Petit?
« Cependant on battait en retraite de *toutes parts,* le
« centre fléchissait, l'ennemi dépassait et tournait nos
« ailes. A l'aile droite surtout, il paraissait avoir un

---

(1) Bulletin officiel du 14 juin. Voyez Pièces justificatives, n° 1.

« succès marqué; vers l'aile gauche, il pouvait nous
« prévenir au quartier général; la garnison de Tortone,
« découvrant notre déroute, venait de faire une sortie;
« de tous côtés nous étions enfoncés... A quatre heures
« de l'après midi, je ne crains pas d'assurer que dans
« un rayon de deux lieues il ne restait pas 6,000 hom-
« mes d'infanterie présents à leurs drapeaux, 1,000 che-
« vaux et six pièces en état de faire feu. Que l'on ne
« m'accuse pas d'exagérer en présentant une si prodi-
« gieuse défection, dont les causes sont bien faciles à
« connaître. Un tiers de l'armée était hors de combat;
« le défaut de voitures pour le transport des malades
« fit que plus d'un tiers était occupé à ce pénible ser-
« vice, ce qui pouvait même servir de prétexte plausible
« à plusieurs de s'éloigner à contretemps de leurs corps
« respectifs; la faim, la soif, la fatigue, avaient forcé un
« grand nombre d'officiers de s'absenter, et l'on sait ce
« que produit l'absence des chefs. » (1)

Sans admettre tout ce que raconte le grenadier Petit, dont le témoignage n'est pas cependant suspect, il faut reconnaître que nous étions enveloppés, débordés de toutes parts, que la moitié au moins de notre effectif était hors de combat, qu'en un mot, ainsi que l'a dit le Pre-

---

(1) Relation du grenadier Petit, p. 54.

mier Consul lui-même, la bataille paraissait perdue à quatre heures du soir.

Il y avait longtemps que le général Mélas, de son côté, n'en doutait plus; il avait abandonné le commandement à son chef d'état-major le général Zach, vers deux heures, le chargeant du soin de poursuivre l'ennemi et d'achever sa défaite. Blessé lui-même, après avoir eu deux chevaux tués sous lui, le général en chef autrichien s'était retiré à Alexandrie et avait expédié à Vienne le colonel Radetzky, celui qui s'est illustré depuis à la tête des armées autrichiennes, pour y porter la nouvelle de la victoire.

La confiance du général Mélas dans le succès était bien naturelle, il avait pu voir ses colonnes se porter en avant, après le passage du Fontanone, et marcher assez rapidement sur la route de Plaisance. La retraite des Français s'était opérée en bon ordre, mais ils avaient cédé deux lieues de terrain, et l'impuissance à laquelle ils étaient réduits avait permis à l'armée autrichienne de les suivre jusqu'aux environs de San-Giuliano où ils semblaient se rallier avec peine.

Mais ici les choses devaient tout à coup changer de face, une troisième bataille allait commencer et le vainqueur, frappé d'un de ces coups inattendus qui répriment les plus beaux triomphes, allait perdre en quelques instants le fruit d'une journée de combats glorieux.

Le Premier Consul avait écrit de Torre di Garofalo,

au général Desaix, dans la matinée du 14 : « Je croyais
« attaquer l'ennemi, il m'a prévenu : revenez, au nom
« de Dieu, si vous le pouvez encore (1). » Desaix avait
répondu qu'il espérait arriver vers quatre heures sur le
champ de bataille. Il avait tenu parole, il était à San-
Giuliano au moment où l'armée se ralliait autour de ce
village.

Arrivés à cette troisième phase de la journée de Marengo, plusieurs écrivains ont cru devoir l'entourer de
circonstances romanesques, comme s'il était besoin d'a-
jouter à l'intérêt du dénouement. On est allé jusqu'à
supposer que le Premier Consul, le général Desaix et
les principaux généraux s'étant réunis pour tenir conseil, le Premier Consul aurait pressé vivement Desaix
de dire son opinion, et que celui-ci, promenant ses
regards sur le champ de bataille dévasté, puis tirant sa
montre et regardant l'heure, aurait répondu au général
Bonaparte : « Oui, la bataille est perdue ; mais il n'est
« que trois heures, il reste encore le temps d'en gagner
« une. »

Il est certain que le général Desaix n'a pas pu pro-
noncer ces paroles à trois heures, car il n'est arrivé en

---

(1) Ce billet a été vu entre les mains du général Desaix, au moment
où il le recevait, par un jeune Hongrois, attaché comme ordonnance à
ce général. C'est le général de Faverges qui a recueilli le fait de la
bouche du témoin oculaire. Voyez aussi l'*Histoire des guerres européennes*, Pièces justificatives, n° 15.

ligne qu'à cinq heures (1), ce qui lui donnait deux heures de moins pour une seconde bataille. Mais ce qui rend l'assertion plus douteuse encore, c'est qu'elle était incompatible avec la modestie de caractère et la sûreté de coup d'œil du général Desaix. Il n'était pas permis de parler de victoire avec tant de confiance à cette dernière heure, lorsque l'armée qui avait combattu depuis la pointe du jour avec une constance héroïque arrivait à San-Giuliano épuisée de fatigues, lorsque les fuyards et les blessés encombraient la position (2), lorsqu'il se trouvait à peine 6 à 8,000 hommes d'infanterie, 1,000 à 1,200 cavaliers et 5 à 6 pièces de canon à mettre en ligne. Le général Desaix, amenant avec lui la division Boudet de 4 à 5,000 hommes et 8 pièces de canon, ne pouvait se flatter de rétablir l'équilibre. Ce qui est vrai, c'est que le général Desaix, en homme de cœur, n'a pas balancé à affronter le péril et à barrer le chemin à un ennemi victorieux. Ce qui est certain, c'est qu'il a compris que le général Bonaparte, en perdant la bataille, ne perdait pas seulement l'Italie qu'il venait de conquérir, mais encore le pouvoir que les partis avaient dé-

---

(1) Rapport officiel du chef d'état-major Dupont. Voyez Pièces justificatives, n° 5 *bis. Histoires des guerres européennes*, n° 15.

(2) A son arrivée à San-Giuliano, le général Boudet raconte qu'il a trouvé ce village encombré d'une foule de blessés, de mauvais soldats, etc.

cerné à ses futurs triomphes. Dans cette situation, une résolution énergique pouvant seule épargner à l'armée de réserve un grand désastre, et à la France de nouveaux désordres, il est naturel de concevoir qu'une telle résolution ait prévalu dans l'esprit du Premier Consul et de tous ses lieutenants. Voici d'ailleurs comment elle a été mise à exécution.

« La division Boudet reçut l'ordre de se mettre en ba-
« taille, en avant de San-Giuliano, à gauche de la route
« de Tortone, la brigade Kellermann réduite à 400 hom-
« mes et renforcée de 2 à 300 cavaliers, débris de la
« brigade Champeaux, à la droite de Desaix, les grena-
« diers à cheval de la garde consulaire forts de 600 che-
« vaux frais, à la droite et à une portée de canon de
« Kellermann, ce que l'on avait pu réunir des débris
« des corps de Lannes et de Victor, se prolongeant sur
« la droite, un peu en arrière de la brigade Keller-
« mann et se trouvant adossé à des vignes (1). »

Le Premier Consul passa en revue les troupes qu'il venait de rallier, leur rappela qu'elles avaient l'habitude de coucher sur le champ de bataille et donna le signal d'un nouveau combat.

De son côté, l'ennemi s'avançait avec des forces imposantes sur la route de Tortone.

---

(1) Récit publié par le général Kellermann, en 1834, dans le journal le *Napoléon*, numéro du 25 février. *Histoire des guerres européennes*, pièces justificatives, n° 15.

L'avant-garde, commandée par le général Zach en personne, se composait des brigades Saint-Julien et Lattermann, fortes de huit bataillons de grenadiers et précédées du régiment de Wallis; venaient ensuite les brigades Bellegarde, Lamarsaille, Knesewich, Weidenfeld, formant seize bataillons et flanquées de quatre bataillons de Bryey et Seckler, en tout vingt-huit bataillons d'infanterie.

A gauche de cette formidable colonne s'avançaient six régiments de cavalerie, ceux de Lobkowitz, de Lichtenstein, de l'archiduc Jean et trois de la brigade Pilatis; à l'extrême gauche et dans la direction de Salé, marchait le corps du général Ott, et à l'extrême droite, le général O'Reilly avec environ 3,000 hommes.

Ainsi, du côté des Français, les forces disponibles pour engager un nouveau combat se composaient de 4 à 5,000 hommes de troupes fraîches, et d'un nombre à peu près égal de bataillons ralliés, soutenus par environ 1,200 cavaliers et 12 à 15 pièces de canon.

Les Autrichiens, au contraire, comptaient 20,000 hommes d'infanterie et 6 à 7,000 hommes de cavalerie soutenus par 80 bouches à feu et pleins de confiance dans la victoire qui les accompagnait depuis la prise de Marengo.

Il était environ six heures du soir (1), lorsque le gé-

---

(1) Le rapport du général Dupont établit qu'à cinq heures l'ennemi n'avait pas encore attaqué San-Giuliano. Voyez Pièces justificatives.

néral Desaix se porta en avant à la tête de la 9ᵉ légère. Le régiment autrichien Wallis, qui marchait en tête de la colonne, abordé au pas de charge par notre brigade, fut rejeté vivement sur la seconde ligne qui s'ouvrit pour le laisser passer par ses intervalles. Mais ce premier succès fut de courte durée ; les grenadiers Lattermann ayant pris à leur tour la tête de la colonne d'attaque, vinrent donner comme un bélier dans la 9ᵉ légère ; c'est en ce moment que le général Desaix tomba frappé d'un coup mortel. La 9ᵉ légère, forcée de se replier devant la masse formidable qui l'abordait, n'eut pas, comme nous le verrons tout à l'heure, le temps d'emporter le corps de son général. Les grenadiers Lattermann, enivrés de leur succès, se lancèrent en avant avec une nouvelle impétuosité. Le moment était décisif, la colonne autrichienne était si profonde, si supérieure en nombre et si pleine de confiance dans la victoire, que son impulsion semblait irrésistible, lorsqu'une audacieuse charge de cavalerie, que Tite-Live aurait appelé une tempête équestre, *procella equestris*, vint tout à coup jeter le désordre dans ses rangs et faire essuyer à l'armée ennemie un de ces désastres inattendus qui décident le gain des batailles. Mais écoutons le récit écrit sur le champ de bataille par le général Kellermann lui-même, par l'auteur de cette manœuvre décisive. « J'aperçus, dit
« ce général, que l'infanterie qui marchait sur la gauche
« de la route de Marengo, à hauteur de Casina Grossa,

« commençait à fléchir et que les grenadiers ennemis
« la chargaient à la course ; je pensai qu'il n'y avait pas
« un moment à perdre et qu'un mouvement prompt
« pouvait ramener la victoire sous nos drapeaux. J'ar-
« rêtai la ligne, je commandai peloton à gauche et en
« avant, le 2e et le 20e de cavalerie se trouvant alors
« avoir la tête de la colonne qui se précipita avec im-
« pétuosité sur le flanc des Autrichiens au moment où
« ils venaient de faire leurs décharges ; le mouvement
« fut décisif, la colonne anéantie en un instant. Trois
« bataillons de grenadiers et le régiment entier de
« Wallis, tout est sabré ou pris ; le citoyen Riche, cava-
« lier au 2e régiment, fait prisonnier le général chef
« d'état-major ; six drapeaux, 4 pièces de canon, sont
« enlevés. Cependant je ralliai un parti de 200 chevaux
« avec lesquels je me portai en avant pour en imposer
« à la formidable cavalerie qui pouvait nous enlever
« notre avantage (1). »

« Ce brillant succès, écrivait le général Dupont à
« Carnot, est le signal pour l'armée française d'une
« attaque générale. »

L'armée autrichienne, au contraire, en perdant du même coup son général en chef et l'élite de ses troupes,

---

(1) Rapport officiel du général Kellermann. — Pièces justificatives, n° 9.

fut saisie d'une terreur panique, conséquence inévitable de l'échec inattendu qu'elle venait d'éprouver, et se replia soudainement sur elle-même. La colonne du centre, se trouvant sans commandement et sans direction, perdit en quelques instants le terrain qu'elle avait si péniblement conquis. « Kellermann, non
« content de sa charge si heureuse et si décisive, s'est
« porté rapidement, avec un parti de 200 chevaux, sur
« les six escadrons qui flanquaient la malheureuse co-
« lonne de Zach; ils ont fait demi-tour sans croiser le
« sabre. Se réunissant aux grenadiers et aux chasseurs
« à cheval de la garde que commande l'adjudant géné-
« ral Bessières, l'audacieux et infatigable Kellermann
« marche droit à un corps de 2 à 3,000 dragons; à son
« approche ils se dispersent de tous côtés; les uns ga-
« gnent à gauche la colonne de Ott, les autres se jettent
« à droite sur leurs propres fantassins et achèvent de les
« mettre en désordre. La déroute de l'armée impériale
« est complète (1). »

Six bataillons, conduits par le général Weidenfeld, furent les seuls qui tinrent ferme dans le village de Spinetta, arrêtèrent la marche victorieuse de notre cavalerie et protégèrent pendant quelques temps la retraite

---

(1) Extrait des *Mémoires du maréchal Victor, duc de Bellune*, p. 186, et extrait de l'*Histoire des guerres européennes*, pièces justificatives, n° 15.

désordonnée des Autrichiens. Le général O'Reilly se réunit bientôt au général Weidenfeld dont il appuya la résistance jusqu'à l'entrée de la nuit.

De son côté le général Ott eut un moment la pensée de prendre en flanc les colonnes françaises et de leur disputer la victoire : mais nos colonnes s'avançaient avec tant de vitesse, qu'elles étaient déjà à Marengo avant que le général autrichien eût pu se mettre en mesure de tenter un mouvement sérieux. Il fut obligé lui-même de précipiter sa retraite pour gagner la tête de pont avant que les Français n'y fussent parvenus.

On vient de lire les récits de nos généraux sur les conséquences de la charge du général Kellermann, il convient d'ajouter à ces témoignages celui de nos adversaires eux-mêmes, afin que la vérité soit confessée par tous ; voici la relation de la *Gazette officielle* de Vienne :

« La défaite de l'avant-garde de la principale colonne
« autrichienne ranima le courage des Français ; leurs di-
« visions battues auparavant s'avancèrent dans le meil-
« leur ordre ; le général Kellermann rallia promptement
« sa cavalerie encore tout échauffée de la charge qu'elle
« venait d'exécuter si heureusement, et se mit à la pour-
« suite des dragons de Litchenstein ; ceux-ci s'étant je-
« tés sur la brigade Pilati, le désordre inséparable d'une
« fuite se communiqua à cette brigade, et les cavaliers
« saisis d'une terreur panique se jetèrent les uns sur la

« colonne de Ott, les autres sur l'infanterie de la colonne
« principale.

« Cependant on ne pouvait se rendre compte de la
« fuite de la cavalerie, qui ne savait pas elle-même
« pourquoi elle fuyait. Le gros de l'armée, culbuté par
« la cavalerie qui le traversait, commença à plier aussi :
« un nouveau groupe de fuyards semblable à un torrent
« l'entraîna avec lui ; au même instant arriva de nou-
« veau Kellermann avec sa cavalerie qui se mit à la sa-
« brer. Le désordre fut bientôt au comble, chacun fuit
« et va se réfugier sur les derrières. Les fuyards s'em-
« pressent de gagner Marengo, la confusion est extrême,
« les officiers s'efforcent en vain de rallier leurs soldats
« derrière le Fontanone ; ils sont sourds à leurs voix et
« se jettent en tumulte sur la tête de pont ; cavaliers,
« fantassins, canons, chariots, s'y précipitent à la
« fois. »

« Les corps d'O'Reilly et de Ott, voyant ce qui se passe
« sur leurs flancs, se décident également à la retraite,
« sans opposer aucune résistance aux vainqueurs, et se
« hâtent de rentrer dans la tête de pont (1). »

On pourra juger de la confusion dans laquelle l'armée
autrichienne était tombée, par l'anecdote suivante, que
nous avons trouvée dans les Mémoires du marquis de

---

(1) Relation de la *Gazette de Vienne.*

Faverges, et qui révèle un incident curieux de cette étonnante déroute.

« Plusieurs officiers du régiment de Lichtenstein tuè-
« rent leurs chevaux de désespoir, en voyant la fuite
« inexplicable de ce régiment, et vinrent se réfugier dans
« les rangs de l'infanterie ; de ce nombre était le baron
« de Montjoie, dont la sœur était dame de Madame la
« duchesse d'Orléans. Plus tard, le régiment de Lich-
« tenstein fut cassé, ses drapeaux furent brûlés, comme
« déshonorés, et ses soldats répartis dans d'autres régi-
« ments, à la queue des compagnies. »

Nous n'avons pas voulu interrompre le récit des derniers engagements de cette mémorable journée afin que ce troisième acte se déroulât sous les yeux du lecteur avec une rapidité égale à celle que nos escadrons victorieux avaient déployée sur le terrain. Toutefois, il nous importe de revenir sur l'exposé nouveau que nous avons présenté et de faire toucher du doigt les erreurs des récits plus ou moins officiels qui ont paru jusqu'à ce jour. Ce sera d'ailleurs une occasion de raconter quelques épisodes qui méritent une place dans l'histoire de cette grande bataille.

Les auteurs de la relation de 1806, préoccupés de masquer la retraite de l'armée française, comme si la victoire ne ressortait pas plus éclatante après un premier revers, ont supposé que notre mouvement, depuis l'abandon de Marengo, avait été *un changement de front,*

que nos échelons avaient fait leur retraite en échiquier par bataillons, que le premier échelon occupait Castelceriolo et le dernier San-Giuliano. Voici ce que le *Mémorial de la guerre* répond à cette supposition : « Il résulte
« des renseignements donnés par les officiers de la di-
« vision Watrin que les demi-brigades de cette di-
« vision, réduites de près de moitié, après un combat
« opiniâtre, s'étaient retirées accablées par le nombre,
« et que l'une d'elles seulement (la 6ᵉ ou la 28ᵉ) avait
« obéi directement jusqu'à la fin aux ordres du général
« Lannes qui, pendant la retraite, l'avait ramenée plu-
« sieurs fois à l'ennemi (1). »

Ainsi, une seule demi-brigade se serait trouvée sérieusement en ligne pour relier notre droite à notre gauche, dans le prétendu mouvement de conversion imaginé après coup. 500 hommes pour remplir un intervalle de deux lieues ! Que l'on ajoute, si l'on veut, la garde consulaire à cette demi-brigade, et on n'arrivera pas à réunir mille baïonnettes pour effectuer la manœuvre supposée par la relation officielle. Nous avons déjà vu d'ailleurs que le pivot de cette manœuvre, l'occupation de Castelceriolo par la brigade Carra-Saint-Cyr, était une fiction. Tous les éléments d'une conversion disparaissent donc devant l'examen des faits ; la marche des Autrichiens a été

---

(1) *Mémorial de la guerre*, t. iv.

contenue par notre cavalerie : « La brigade Kellermann, « dit le duc de Bellune (1), a éloigné les corps ennemis « qui pressaient trop nos bataillons, et n'a pas permis « aux Autrichiens de faire un seul prisonnier ; la brigade « Champeaux, bien qu'elle fût privée de son vaillant « chef, a rendu les mêmes services. » En un mot, la retraite a été honorablement soutenue, mais elle a été complète de Marengo à San-Giuliano, sur toute la ligne.

Le moment précis où le malheureux Desaix est tombé, ce qui s'est passé autour de lui après ce fatal événement a été diversement raconté par plusieurs historiens. Une lettre adressée à la sœur du général Desaix, par son aide de camp le colonel Savary, a été publiée récemment par M. le comte Martha Becker (2). Le colonel Savary écrit qu'il a trouvé le corps du général Desaix sur le champ de bataille, *dépouillé, suivant le barbare usage de la guerre,* jusqu'à la chemise (3). D'un autre côté, il est certain que le duc de Plaisance, officier d'ordonnance du général Bonaparte, et détaché auprès du général Desaix, avait recueilli le corps de ce général et l'avait confié à la garde d'un sous-officier et de plusieurs soldats, avant de se rendre auprès du Premier Consul, pour lui annoncer la perte qu'il venait de faire. Pour expliquer comment la

---

(1) *Mémoires du duc de Bellune,* p. 175.
(2) *Histoire de Desaix,* par le comte Martha-Becker.
(3) Voyez Pièces justificatives, n° 12.

spoliation, racontée par le colonel Savary, a pu avoir lieu, malgré la précaution du duc de Plaisance, il faut admettre avec nous que la 9e a fléchi devant le choc de la colonne autrichienne et que le corps du général Desaix, qui s'était mis à la tête de cette brigade, a pu être abandonné et dépouillé dans un moment de désordre. Comment d'ailleurs expliquer la charge du général Kellermann sur le flanc de la colonne autrichienne, lui qui se trouvait sur le flanc de la 9e brigade quelques instants auparavant, si l'on n'admet pas que la 9e a fléchi et permis à la colonne de Zach, en se précipitant sur nous dans le désordre de la victoire, de prêter le flanc au général Kellermann ?

Au reste, un témoin oculaire digne de foi raconte la mort de Desaix et la charge de notre cavalerie, dans des termes qui confirment pleinement notre récit : « Desaix, « écrit M. de Cayrol, dès la première charge de sa divi- « sion, tomba, non pas frappé à la tête d'un coup mor- « tel, comme le dit Walter-Scott, mais d'une balle dans « la poitrine qui traversa le cœur entier et sortit par le « dos. C'est alors que la division Desaix plia et que les « colonnes autrichiennes passèrent sur le corps du géné- « ral, qui ne fut retrouvé que longtemps après la fin de « la bataille. »

M. de Cayrol était à Marengo agent général des hôpitaux militaires ; il a recueilli le corps de Desaix, l'a fait transporter à Milan et embaumer ; il a donc pu

CHAPITRE XI.   189

voir de ses yeux la blessure qui l'a frappé d'une mort soudaine. Ce témoignage est le plus officiel qu'on puisse recueillir sur ce douloureux épisode.

Nous avons vu le général Kellermann se jeter, par une inspiration soudaine, sur le flanc de la colonne autrichienne et la surprendre sans défense au moment où elle venait de décharger ses armes. Quelques historiens, entre autres M. Thiers, ont voulu enlever au général Kellermann le mérite de cette heureuse inspiration, et, bien que l'opinion publique ait fait justice de cette allégation, nous croyons que l'histoire doit venir à son tour rétablir la vérité sur un fait aussi important.

Le *Mémorial de la guerre* a déjà dit *qu'une résolution de cette nature ne pouvait être réellement prise que par celui qui pouvait l'exécuter sur-le-champ et sur place.* On peut comprendre en effet que l'ordre d'exécuter la charge n'a pu venir ni de Desaix, ni du Premier Consul : ils n'étaient ni l'un ni l'autre assez rapprochés de notre cavalerie pour lui faire parvenir à temps l'ordre d'exécuter une charge dont l'à-propos a existé pendant quelques minutes seulement. Le général Bonaparte et le général Desaix auraient saisi cet à-propos, assurément, s'ils avaient été à la place du général Kellermann, mais ils n'y étaient pas, et ils n'ont pas besoin, pour mériter l'admiration de la postérité, qu'on amoindrisse à leur profit la part de gloire qui revient à un de leurs compagnons d'armes. Le général Bonaparte a permis peut-être, en

1806, que la relation officielle lui attribuât l'inspiration de cette charge, mais à Sainte-Hélène il a dicté une relation qui restitue au général Kellermann le mérite de son initiative. Si le général Desaix eût survécu à cette glorieuse journée, ils n'eût pas permis non plus qu'on lui attribuât un honneur qui ne pouvait lui revenir, la noblesse de son caractère aurait protesté contre cette injuste flatterie.

Au surplus, tous les témoins oculaires ont réfuté d'avance la relation de M. Thiers. Les rapports officiels de Murat, de Dupont, de Berthier, et le Bulletin du 14 juin sont unanimes sur ce point. Murat dit expressément : « Je dois surtout vous parler du général Keller-
« mann, qui, par une charge *faite à propos, a su fixer la*
« *victoire encore flottante*, et vous faire 5 à 6,000 prison-
« niers » (1). On lit encore dans les *Mémoires du duc de Bellune* : « La spontanéité du mouvement de Kellermann
« est hors de doute, et ce fut une inspiration aussi heu-
« reuse que décisive » (2).

Enfin, le général Kellermann lui-même, obligé de répondre à ceux qui lui ont tardivement contesté l'initiative de sa charge, a écrit : « Cette action décisive et
« imprévue ne fut ni préparée ni combinée, elle fut

---

(1) Rapport du général Murat. Pièces justificatives, n° 11.
(2) *Mémoires du duc de Bellune*, p. 273.

« moins longue à exécuter qu'à raconter. L'armée fran-
« çaise aurait eu le temps d'être culbutée, si un ordre
« avait dû être transmis pour l'exécution de cette charge.
« Le général Kellermann avait reçu l'ordre d'appuyer
« Desaix, ce qui implique l'ordre de charger dans un
« moment favorable, mais l'intelligence de ce moment,
« l'inspiration soudaine qui l'a fait saisir, appartiennent
« au général Kellermann. » (1)

Ce n'est pas à dire que le général Desaix n'ait pas mérité une grande part de gloire dans cette journée; c'est la
lutte engagée par lui qui a donné l'occasion de charger
la colonne autrichienne; et, à ce titre, l'honneur de la
victoire doit remonter jusqu'à lui ; mais le général Kellermann seul a celui de son heureuse charge.

A tous ces témoignages, en quelque sorte officiels, il
convient d'ajouter celui d'un témoin déjà cité, de M. de
Cayrol, qui a pu s'exprimer plus librement en relevant
les erreurs d'un historien étranger.

« Les soldats de Desaix, dit-il, ne continuèrent pas
« l'attaque avec fureur, comme l'écrit Walter-Scott,
« puisqu'ils plièrent ; mais une brigade de cavalerie,
« forte de 700 hommes, que commandait le général Kel-
« lermann fils, et qui avait reçu l'ordre de suivre les
« mouvements de Desaix, en avançant ou reculant avec

---

(1) Le *Napoléon*, recueil périodique, n° du 25 fév. 1834.

« lui, resta stationnaire au moment où la mort du géné-
« ral porta la terreur dans sa colonne, et, comme Kel-
« lermann vit que l'armée autrichienne le poursuivait
« en désordre, il fondit au milieu de ses ennemis et
« rendit, par cette charge brillante, le courage à la di-
« vision Desaix, qui, retournant enfin sur ses pas, décida
« le succès de la bataille, et c'est alors que Bonaparte,
« reprenant ses esprits et retrouvant son génie, sut user
« largement des avantages que lui assurait cette journée,
« où l'armée autrichienne, bien supérieure en nombre,
« céda la victoire à 25,000 Français, qui seuls avaient
« pris part à cette mémorable journée. Le général Kel-
« lermann fils est donc le véritable vainqueur de Ma-
« rengo. »

Pour en finir avec cette controverse sur le dénouement imprévu de la journée de Marengo, nous citerons
la *Nouvelle Bellone*, revue militaire écrite à Stuttgardt,
par des officiers allemands, en 1801, lorsque le souvenir
des événements était encore présent à tous les esprits.

« .....Encore un instant, et c'en était fait de l'armée
« française, quand tout à coup un guerrier jeune et au-
« dacieux, jugeant d'un œil rapide les fautes de son en-
« nemi, changea en un instant le sort de cette journée :
« c'était le jeune Kellermann, qui, dans l'entier isole-
« ment des grenadiers allemands, aperçut l'heureuse
« occasion de les vaincre et d'assurer la victoire..... Ce
« sont les fautes des Allemands, bien plus que la tacti-

« que et le courage des Français, qui ont changé le destin
« de la journée. Cependant il faut rendre justice au
« talent du général Kellermann ; à mes yeux, c'est lui
« qui a gagné la bataille, et elle était si bien gagnée par
« sa manœuvre pleine d'une heureuse audace, que, si la
« journée avait été plus longue, la destruction entière de
« l'armée impériale était inévitable (1). »

Ainsi se termina cette sanglante journée, une des plus meurtrières, eu égard au nombre des combattants, qu'on rencontre dans nos annales. On y fut, pendant quatorze heures, à portée de fusil sur toute la ligne. « Le quar-
« tier général, dit le grenadier Petit, était, le soir de la
« bataille, transformé en ambulance. Plus de 3,000
« blessés, français et autrichiens, entassés les uns sur les
« autres dans la cour, dans les granges, dans les écuries,
« les étables et jusque dans les caves et les greniers,
« poussaient de lamentables cris. »

L'armée impériale fit à Marengo des pertes sensibles. La *Gazette militaire* de Vienne les évalue à 963 tués, dont 14 officiers; à 5,518 blessés, dont faisaient partie le général Haddik, qui mourut le 18, les généraux Vogelsang, Lattermann, Bellegarde, Lamarsaille, Gottesheim et 238 officiers supérieurs et autres ; enfin, à 2,921 prisonniers, parmi lesquels se trouvaient le géné-

---

(1) *Nouvelle Bellone*, année 1802, 2ᵉ vol., p. 77.

ral Zach et 74 officiers supérieurs et autres. Ce qui fait monter la perte des Autrichiens à 9,402 hommes, sans compter 1,493 chevaux tués, 12 canons, 1 obusier et 13 fourgons chargés de munitions, qui tombèrent en notre pouvoir pendant la bataille.

Du côté des Français, la victoire fut chèrement achetée : le rapport du général Berthier a évalué nos pertes à 1,100 hommes tués, parmi lesquels se trouvait l'illustre et malheureux Desaix et le brave général Champeaux ; à 3,600 blessés, dont trois généraux, Monnier, Rivaud et Maïnoni, et à 900 prisonniers. Ce qui suppose une perte totale de 5,600 hommes.

Nous avons consulté les rapports des généraux Victor, Lannes et Monnier, qui ont évalué les pertes de leurs corps, et nous y trouvons un chiffre de 5,783 hommes hors de combat; si l'on ajoute à ces pertes celles de la division Boudet, de la garde consulaire et des deux brigades de cavalerie, on trouvera plus de 7,000 hommes hors de combat de notre côté.

Nous n'avons aucun moyen de contrôler l'évaluation que la Gazette militaire de Vienne a faite des pertes de l'armée autrichienne ; nous n'avons cependant aucune raison de croire qu'elle s'écarte sérieusement de la vérité. Nous ne saurions, dans aucun cas, admettre les chiffres que le général Berthier a cru pouvoir donner, c'est-à-dire 12,000 hommes tués ou blessés et 7,000 prisonniers, en tout 19,000 hommes hors de combat.

CHAPITRE XI. 195

Si l'armée autrichienne, qui était d'environ 35,000 hommes, avait été réduite à 16,000 combattants, on ne pourrait s'expliquer comment le Premier Consul n'aurait pas saisi l'occasion de l'anéantir et aurait signé une convention qui permettait au général Mélas d'aller prendre la ligne d'opérations militaires qu'il avait inutilement voulu gagner en passant sur le corps de l'armée française.

Quoi qu'il en soit du nombre des morts et des blessés, la victoire était complète, la France pouvait être fière de son armée et satisfaite du grand capitaine à qui elle l'avait confiée. L'invasion étrangère, qui semblait imminente quelques semaines auparavant, était conjurée et reculée de quinze ans; le drapeau français allait commencer le tour du monde.

CHAPITRE XII.

Conséquences de la bataille de Marengo.— Convention d'Alexandrie.— Le Premier Consul retourne à Milan et pourvoit à tous les commandements. — Il retourne à Paris. — Dernières réflexions sur la journée de Marengo. — L'Angleterre force l'Autriche à continuer la guerre en Allemagne.

Lorsque le général Mélas vit son armée, naguère triomphante, rentrer précipitamment dans Alexandrie, pour y chercher un refuge, l'infanterie et la cavalerie franchir pêle-mêle le pont de la Bormida, les artilleurs se jeter dans cette rivière avec leurs pièces et leurs caissons, pour se soustraire à la poursuite de l'ennemi, ce dernier coup de la fortune le jeta dans une profonde consternation. Privé de son confident intime, le général Zach, il fit appel à un conseil de guerre pour alléger la responsabilité qui allait peser sur lui. Mais l'embarras était grand au sein de cet aréopage militaire ; ceux qui, la veille, avaient adopté la résolution de se faire jour l'épée à la main, hésitaient à persister dans cette énergique détermination ; un seul, le général de Saint-Julien, fut d'avis que l'on pouvait encore attaquer les Français avec avantage dans la plaine de Marengo, en s'éclairant des fautes de la veille et en tirant un meilleur parti de la supériorité qu'une nombreuse cavalerie donnait encore à l'armée autrichienne.

Pour qui eût connu la véritable situation de l'armée française, cet avis méritait assurément d'être pris en sérieuse considération. Suchet, que l'on avait cru la veille plus rapproché, était encore trop loin pour se réunir à l'armée de réserve. D'un autre côté, les bataillons qui avaient soutenu les assauts du Fontanone contre l'armée autrichienne tout entière étaient réduits aux deux tiers ou à la moitié de leur effectif. Mais les généraux autrichiens ne pouvaient supposer qu'ils eussent fui la veille devant une poignée de braves, le Premier Consul avait d'ailleurs eu le soin de leur imposer, dès le matin, en faisant sommer la tête de pont de capituler et en prenant des dispositions pour l'attaquer. La majorité du conseil de guerre écarta l'idée d'une nouvelle bataille; elle se prononça pour un traité d'évacuation qui, en sacrifiant les places du Piémont, rendrait à l'armée impériale plus de 20,000 hommes, inutilement renfermés dans ces places, et lui permettrait de prendre sans coup férir, derrière Mantoue, la position qu'elle ne pouvait plus gagner qu'au prix des plus grands sacrifices.

Cette solution était assurément la plus prudente et la plus sûre. De quelque côté que le général Mélas eût voulu se porter pour rétablir ses communications avec les possessions de l'Empire en Italie, il eût rencontré les Français sur son passage, c'était acheter au prix du sang ce que la capitulation pouvait assurer. Rester en Piémont, y soutenir la guerre? On eût bientôt été affamé et écrasé par la supériorité de l'ennemi, qui se recrutait chaque jour, ayant tous les passages des Alpes en son pouvoir. Se retirer à Gênes, en faire une place d'armes, c'eût été une opération convenable pour une armée piémontaise ou anglaise, mais cela ne sauvait pas la monarchie autrichienne, qui n'avait plus que l'armée de Souabe pour protéger sa capitale. Tel était le langage de presque tous les membres du conseil de guerre.

Le général Mélas se rangea à leur avis et envoya le colonel Neyperg en parlementaire au camp français, pour proposer une conférence et négocier un traité d'évacuation.

Le Premier Consul n'hésita pas à accueillir ces ouvertures; le général Berthier partit pour Alexandrie, accompagné du général Zach, dont le général Mélas avait réclamé la mise en liberté, et dont l'opinion était favorable à une négociation. Quelques heures après, une convention était signée entre les négociateurs et stipulait l'évacuation de l'Italie par l'armée autrichienne, aux conditions suivantes :

Il y aurait armistice jusqu'à la réponse de la cour de Vienne aux propositions de paix faites par le Premier Consul ;

L'armée impériale occuperait, en attendant, le pays entre le Mincio, la Fossa-Maestra et le Pô, c'est-à-dire depuis Peschiera et Mantoue jusqu'à Ferrare; elle conserverait également la Toscane et Ancône ;

Les Français occuperaient tout le pays entre la Chiese, l'Oglio et le Pô. L'espace entre la Chiese et le Mincio ne serait occupé par aucune des deux armées;

Les châteaux de Tortone, de Milan, de Turin, de Pizzighitone, d'Arona, de Plaisance, de Ceva, de Savone, d'Urbin, et les places de Coni, d'Alexandrie et de Gênes seraient remis aux Français, du 16 au 24 juin;

L'artillerie autrichienne qui s'y trouvait serait rendue à l'armée impériale, tout le reste demeurerait aux Français; les approvisionnements de vivres seraient partagés;

L'armée autrichienne devrait se rendre en trois colonnes, par Plaisance, à Mantoue, du 16 au 26 juin, les garnisons des places l'y joindraient dans le plus court délai;

Aucun individu ne pourrait être inquiété par les Français, pour opinions politiques, et les Autrichiens, à leur tour, renverraient en Italie les individus retenus pour cette cause (1).

Nous avons dit, plus haut, que le Premier Consul aurait eu tort de signer cette convention, si les évaluations

---

(1) Voyez le texte de la convention aux pièces justificatives, n° 14.

du général Berthier, sur les pertes de l'armée autrichienne, avaient été exactes ; on doit comprendre, en effet, que si les Autrichiens avaient perdu 19,500 hommes, et si l'armée française n'avait eu que 5,600 hommes hors de combat, c'eût été le comble de la folie et de l'imprudence de laisser passer, les armes à la main, u ennemi vaincu, c'eût été un crime envers la patrie que de ne pas donner le coup de grâce à l'armée impériale d'Italie. La vérité est que le Premier Consul était dans une situation qui commandait de faire un pont d'or à son ennemi, et d'accepter les sacrifices qui lui étaient offerts ; il eut donc raison d'escompter sans retard le succès de la journée de Marengo en signant une convention qui lui assurait, d'un trait de plume, ce que plusieurs batailles et plusieurs siéges auraient difficilement conquis, c'est-à-dire la possession de l'Italie septentrionale, la remise de douze places fortes avec 1,500 pièces de canon et des approvisionnements immenses.

De son côté, le général Mélas, qui ne connaissait pas notre situation, qui devait croire à l'arrivée de renforts inattendus, dans une campagne où tout avait été imprévu pour lui, et qui se voyait pressé entre l'armée de Ligurie et l'armée de réserve, avec des troupes vaincues et démoralisées, eut aussi raison, à son point de vue, de signer une convention qui conservait au moins à l'Autriche les débris encore imposants d'une armée aguerrie et disciplinée.

Lorsque le général Zach, qui avait appuyé la convention, rentra dans Alexandrie avec la signature du Premier Consul, les Autrichiens commençaient à revenir de leur stupeur, et lui firent un assez mauvais accueil ; le général Saint-Julien, entre autres, s'était mis à la tête de ceux qui voulaient livrer une seconde bataille et faillit exciter une sédition (1). Cependant la convention fut religieusement exécutée par les Autrichiens. Le jour même de la signature, le général Mélas expédia les ordres de remettre aux troupes françaises les places qui avaient coûté tant d'argent à l'Angleterre et tant de sang à ses alliés. Le lendemain, il partit lui-même avec son état-major et une première colonne de 10,000 hommes pour se rendre à Mantoue, par Stradella, Plaisance et Parme. Le 22, les citadelles de Milan, Turin et Tortone furent rendues. La remise de Gênes fut un moment entravée par les Anglais, qui, ayant concouru à la prise de cette ville, revendiquaient un poste que leurs alliés abandonnaient, et insistaient surtout pour retenir les magasins et l'artillerie de la place. Mais le comte de Hohenzollern, observateur loyal et scrupuleux de la convention d'Alexandrie, remit la place le 24 au général Suchet, conformément à toutes les conditions stipulées. Il était temps : le général Abercombrie, parti de Minorque pour

---

(1) Souvenirs du général de Faverges.

venir au secours du général Mélas, se présenta, le 25, avec 8,000 hommes devant le port. Il fut obligé de se retirer après cette tardive et inutile apparition.

Ainsi, tous les secours qui auraient pu ajourner les succès de l'armée de réserve étaient arrivés trop tard; les Anglais eux-mêmes s'étaient trouvés en défaut, et on pouvait dire avec Rivarol, que la coalition était toujours en retard d'une année ou d'une armée.

Le Premier Consul avait quitté Marengo le 17, et, le même jour, il était entré à Milan, où il avait été reçu avec de nouveaux transports d'enthousiasme.

Il acheva de s'y concilier tous les esprits, en appelant les familles les plus distingués à la direction des affaires, et en demandant au clergé de cette ville catholique de rendre avec lui au Dieu des armées de religieuses actions de grâce. Il rattacha ainsi les intérêts de l'Église et de la noblesse à ceux de l'indépendance italienne et consolida, par sa prudence, la victoire obtenue par l'heureux concours du génie et du courage.

Le général Masséna, qui avait tant contribué à l'étonnant succès de cette campagne, fut appelé à Milan pour prendre le commandement de l'armée française en Italie et le gouvernement de la République cisalpine. Il arriva à son poste, le 21 juin.

Le général Suchet, qui avait déjà pris possession de Gênes, fut chargé d'en garder le commandement.

Après avoir pris toutes les mesures que réclamaient

ses nouvelles conquêtes, le Premier Consul se hâta de partir pour Paris afin d'y achever, sous la puissante impression de ses victoires, l'œuvre de réorganisation que sa glorieuse campagne avait interrompue.

Il traversa la France sous des arcs de triomphe; la ville de Lyon surtout lui rendit tous les hommages que la reconnaissance et l'admiration pouvaient inspirer; il répondit généreusement à ces vives démonstrations, en donnant l'ordre de relever les ruines que la Convention avait accumulées dans cette malheureuse ville. Enfin, Paris et les corps constitués, obéissant à l'entraînement universel, lui prodiguèrent à l'envi des témoignages d'admiration et de confiance qui achevèrent d'accabler les partisans des désordres révolutionnaires et de consolider dans les mains du Premier Consul le pouvoir qu'il leur avait arraché le 18 brumaire.

Aucune bataille, depuis Louis XIV, n'avait été livrée pour assurer des résultats aussi importants; il ne s'agissait pas seulement alors de sauver la France de l'invasion étrangère et de lui rendre la possession de toute l'Italie septentrionale jusqu'au Mincio, il s'agissait de condamner à l'impuissance les hommes qui, pendant six ans, avaient bouleversé toutes les idées d'ordre social et imposé leur sanglante autorité la hache et la torche à la main; il s'agissait enfin de poser les fondements d'un empire nouveau et d'amener bientôt la France et l'Europe à le reconnaître.

La bataille de Marengo a obtenu ou préparé ce triple résultat ; c'est cette victoire qui a confirmé la France et l'Europe dans l'opinion que le général Bonaparte était le plus invincible et le plus grand capitaine du siècle ; c'est à dater de ce jour que tout a fléchi devant lui et qu'il a familiarisé les esprits avec l'idée de la puissance impériale qu'il méditait d'établir.

La relation officielle, publiée en 1806, avait pris une épigraphe où ces conséquences de la victoire du 14 juin étaient hautement exprimées ; elle avait dit

> Per quam. . . . . . .
> Crevêre vires famaque et imperî
> Porrecta majestas (1).

Toutefois, il est permis de le dire, aujourd'hui que le général Bonaparte n'a pas besoin de compter une victoire de plus pour garder sa place à côté de César et d'Annibal, la bataille de Marengo n'est pas de celles où il a pu déployer toute la puissance de son génie. Il est certain que le Premier Consul a été surpris le 14 juin, comme il avait surpris lui-même son ennemi au passage du Saint-Bernard, à Ivrée, à Milan et à Plaisance. Il n'a pu venir que tardivement au secours des trois divisions qui, depuis le matin, soutenaient le choc de l'armée autrichienne, et n'a pu disposer que de forces insuffisantes

---

(1) Horace, ode 15.

pour rétablir sa ligne de bataille. Desaix lui-même, dit un historien militaire (1), serait arrivé trop tard pour remporter une victoire, sans le concours des circonstances inouïes qui privèrent l'armée autrichienne de ses deux chefs à la fois, c'est-à-dire, sans le retour de Mélas à Alexandrie et sans la charge audacieuse qui fit tomber son chef d'état-major, le général Zach, au pouvoir d'un dragon. Nous pouvons affirmer, de notre côté, qu'en arrivant sur le champ de bataille, le général Desaix n'a pas songé un seul instant à reprendre l'offensive ; tout en gardant l'attitude d'un général qui veut inspirer confiance à ses soldats, et qui a trop de cœur pour la perdre jamais lui-même, il n'a pas caché à ceux qui l'approchaient de plus près, et dont nous avons recueilli le témoignage, que toute son ambition était de couvrir notre retraite.

On peut dire, à l'honneur de Bonaparte, que les événements avaient été préparés de loin par l'habile direction d'un plan de campagne qui passera toujours pour une des plus brillantes conceptions du génie militaire; mais il faut laisser au général Kellermann la gloire de son audacieuse initiative dans un de ces moments décisifs qui décident le gain des batailles.

Le sénat avait demandé au Premier Consul de reve-

---

(1) Le général Jomini.

nir vainqueur et pacificateur ; le premier vœu du sénat était accompli, avec un succès plus rapide et plus décisif qu'on ne pouvait l'espérer. En même temps le vainqueur avait fait tous ses efforts pour conquérir la paix si impatiemment attendue et si nécessaire à ses desseins.

Avant même de quitter le champ de bataille, il avait pris des mesures pour profiter du premier effet que devait produire à Vienne la nouvelle du désastre de Marengo ; sans attendre la ratification de la convention d'Alexandrie, il avait proposé d'ouvrir de nouvelles négociations sur les bases du traité de Campo-Formio, dans l'espoir d'amener l'Autriche à une paix séparée. Mais cette fois encore la politique de Pitt l'avait devancé ; ce ministre, artisan infatigable de coalition, avait obtenu, le 20 juin, quelques heures seulement avant l'arrivée du courrier qui apportait la nouvelle de la défaite du général Mélas à Marengo, la signature de l'Autriche au traité de subsides dont la conclusion avait été différée jusque là. Par ce traité, le Gouvernement impérial et le Gouvernement britannique s'engageaient à poursuivre la guerre contre la République française avec toute la vigueur possible. Les parties contractantes s'obligeaient, de plus, à ne faire aucune paix séparée avec la France, sans le consentement réciproque l'une de l'autre, et à ne pas recevoir d'ouvertures sans se les communiquer mutuellement.

Ce traité coupait court à toutes les négociations ; mais

la guerre ne pouvait se poursuivre que sur le Rhin, et elle devait y expirer bientôt, comme en Italie, devant la nécessité de ne pas prolonger une lutte inutile contre les armes victorieuses de la France. Allons donc retrouver le général Moreau pour assister aux derniers efforts de la coalition si profondément blessée à Marengo.

CHAPITRE XIII.

Suite de la campagne de l'armée du Rhin. — Position d'Ulm. — Prudence du maréchal Kray. — Moreau manœuvre pour l'attirer en rase campagne. — Combat d'Ehrbach. — Nouvelle manœuvre de Moreau sur Augsbourg. — Sortie des Autrichiens. — Explication des manœuvres de Moreau à la nouvelle des succès de l'armée de réserve. — Il change son plan de campagne et se décide à couper aux Autrichiens les communications avec Vienne.

Nous avons quitté le général Moreau au moment où il venait de renfermer le maréchal Kray dans le camp retranché d'Ulm, et nous avons suivi l'armée de réserve dans toutes ses opérations jusqu'au terme de sa glorieuse carrière.

Nous allons retrouver maintenant le général Moreau sur les bords du Danube et suivre ses opérations jusqu'à la fin des hostilités. Nous verrons comment, après avoir envoyé à l'armée de réserve l'élite de ses troupes, il a conservé sur l'ennemi une constante supériorité et comment il est parvenu à remporter des succès décisifs qui lui ont permis de conclure une convention moins importante, mais non moins honorable que celle d'Alexandrie.

Privé des divisions que le ministre de la guerre était venu chercher sous les murs d'Ulm, le général Moreau ne comptait plus avec lui que 100,000 combattants ; l'armée autrichienne n'était pas, il est vrai, plus nombreuse, car elle avait perdu plus de 20,000 hommes dans sa retraite depuis les bords du Rhin. Cependant elle pouvait, à l'abri de son camp retranché, recevoir les renforts que les états de l'Empire lui avaient promis, et rallier les différents corps que notre rapide invasion avait séparés d'elle. C'était aussi dans ce but que le maréchal Kray avait occupé cette position.

L'armée autrichienne se trouvait à Ulm à cheval sur les deux rives du Danube ; à portée de diriger toutes ses forces du côté où l'ennemi aurait affaibli les siennes, elle conservait la clef de sa ligne de retraite sur Donauwerth et Ratisbonne. La prévoyance de l'archiduc Charles avait compris dès longtemps le parti qu'une armée pouvait tirer de cette place, et il y avait fait ajouter des travaux considérables pour fortifier les hauteurs voisines du Michelsberg et du Ziegelhuteberg. Ce camp retranché était garni d'une artillerie proportionnée à son développement, Les différents ouvrages de la ville et de la tête de pont étaient eux-mêmes armés de 144 bouches à feu, de telle sorte que 50,000 hommes pouvaient s'y trouver en mesure de défier les assauts de 100,000.

Forcer le maréchal Kray dans cette position redoutable, semblait possible aux intrépides lieutenants du général Moreau. Saint-Cyr surtout insista beaucoup pour lui faire adopter cette audacieuse résolution. Mais le général en chef pensa avec raison que sa mission ne comportait aucune entreprise téméraire, qu'il devait, avant tout, concourir au plan général, et ne pas rouvrir aux Autrichiens la route d'Italie qu'il leur avait si promptement et si complétement fermée.

Attirer l'ennemi hors de son camp en menaçant ses communications avec l'Empire, livrer une bataille en rase campagne avec une armée pleine de confiance, semblait le meilleur parti à prendre, c'est celui auquel le général Moreau s'arrêta.

En conséquence, il résolut de feindre une attaque sur la Bavière, en manœuvrant sur sa droite. Les 13, 14 et 15 mai, il franchit l'Iller, fit avancer Lecourbe au delà de la Gunz, et porta sa réserve jusqu'à Babenhausen, laissant Sainte-Suzanne sur la gauche du Danube et Saint-Cyr au confluent de l'Iller et de ce fleuve.

Toutefois, le maréchal Kray ne se laissa pas tromper par cette manœuvre; loin d'aller à la rencontre du général Moreau, il profita de l'isolement dans lequel était restée notre gauche pour lancer sur elle toutes ses forces disponibles.

Le 16 mai, à la pointe du jour, plusieurs colonnes de

cavalerie et d'infanterie, conduites par l'archiduc Ferdinand, fondirent à l'improviste sur les avant-postes du général Sainte-Suzanne et forcèrent sa ligne sur plusieurs points ; bientôt ses brigades se trouvèrent séparées et entourées d'une nuée de cavaliers, soutenus par de fortes colonnes d'infanterie. Les bataillons français firent bonne contenance et soutinrent des combats isolés, sans jamais se laisser entamer. Pendant qu'ils disputaient le terrain pied à pied et que le général Sainte-Suzanne, à la tête de ses réserves, rétablissait sa ligne de bataille et contenait la principale colonne autrichienne, le canon du général Saint-Cyr se fit entendre sur les bords du Danube. Aussitôt que ce général avait pu reconnaître l'attaque dirigée contre notre gauche, il s'était hâté de repasser l'Iller et était arrivé au pas de course sur le flanc des Autrichiens. Cette attaque imprévue inspira à l'archiduc Ferdinand de justes craintes pour sa retraite et le força à se replier en arrière. Mais nos troupes, impatientes de reconquérir les positions qu'elles avaient si vaillamment défendues, ne le laissèrent pas effectuer sa retraite sans le harceler vivement jusque sous le canon d'Ulm.

Ce combat, qui avait duré douze heures avec un acharnement incroyable, avait fait connaître toutes les ressources et l'énergie que le danger peut inspirer à nos troupes ; mais le général Moreau ne pouvait se dissimuler que son mouvement sur sa droite avait été déjoué par une attaque sur sa gauche, qui aurait pu devenir funeste.

Le 17, il sembla changer tout à coup son plan de campagne, et porta une grande partie de ses forces sur la rive gauche du Danube. Le 19, la manœuvre fut encore plus prononcée, la réserve avait franchi le fleuve, la droite semblait prête à la suivre, et tout semblait annoncer une attaque de vive force sur le camp retranché. Mais le général Moreau n'avait voulu, à ce qu'il paraît, que se rendre compte de la situation de l'ennemi ; le 22, l'armée française repassa le Danube et se mit en mouvement pour faire une nouvelle démonstration sur la Bavière ; le général Lecourbe marcha sur Augsbourg, dont il s'empara le 28, tandis que le centre et la gauche se concentraient entre l'Iller et la Gunz.

On a blâmé les premières opérations du général Moreau devant Ulm et on s'est associé aux reproches que ses lieutenants lui ont adressés. Rien n'est moins fondé que ces reproches, et Moreau y a répondu lui-même dans la lettre suivante, qu'il écrivit alors au Premier Consul, pour exposer ses projets et sa situation :

Babenhausen, 7 prairial (27 mai 1800).

« Nous attendons avec impatience, citoyen Consul,
« l'annonce de vos succès. M. de Kray et moi nous
« tâtonnons ici ; lui, pour tenir autour d'Ulm, moi,
« pour qu'il quitte le poste.

« Il eût été dangereux, *pour vous surtout*, que je
« portasse la guerre sur la rive gauche du Danube.
« Notre position actuelle a forcé M. le prince de
« Reuss à se porter aux débouchés du Tyrol, aux
« sources du Lech et de l'Iller, ainsi il n'est pas dange-
« reux pour vous.

« Donnez-moi, je vous prie, de vos nouvelles, et
« mandez-moi *ce qu'il est possible de faire pour vous.....*

« Si M. de Kray vient à moi, je recule encore jusqu'à
« Memmingen; je m'y fais joindre par le général Le-
« courbe et nous nous battrons. S'il marche sur Augs-
« bourg, j'y marche également; il quittera son appui
« d'Ulm, *et puis nous verrons ce qu'il y aura à faire pour*
« *vous couvrir*.

« Nous aurions plus d'avantage à guerroyer sur la
« rive gauche du Danube, et à faire contribuer le Wur-
« temberg et la Franconie, *mais cela ne vous arrangerait*
« *pas*, puisque l'ennemi pourrait faire descendre des
« détachements en Italie, en nous laissant ravager les
« princes de l'Empire.

« Recevez l'assurance de mon attachement. »

Signé : MOREAU.

Ceux qui ont accusé le général Moreau de faire d'inutiles manœuvres, de tâtonner longtemps autour d'Ulm
et de ne pas entreprendre quelque mouvement décisif,
n'ont pas lu cette lettre ou ne l'ont pas comprise. Il est

évident que le général Moreau subordonnait son action à une pensée unique et véritablement digne d'éloges, celle de couvrir, à ses risques et périls, l'armée d'Italie et de faire tout ce qui serait possible pour assurer ses succès. Apprécier les manœuvres du général Moreau en elles-mêmes, sans tenir compte du motif qui les inspirait, c'est se méprendre étrangement. L'armée du Rhin avait reçu une mission secondaire ou subordonnée, nous l'avons dit dès le principe, la lettre du général Moreau prouve qu'il avait accepté cette mission et qu'il se préoccupait de la remplir fidèlement. Critiquer ses opérations, c'est critiquer sa soumission au plan général. Si les lieutenants de Moreau n'étaient pas dans le secret de ce plan, ils ont pu avec raison déplorer leur inaction et souhaiter des opérations plus décisives. L'armée du Rhin, agissant pour son compte personnel, avait sans doute mieux à faire que ce qu'elle faisait ; elle pouvait, comme le dit Moreau lui-même, se jeter sur le Wurtemberg et la Franconie, mais cela *n'aurait pas arrangé le Premier Consul*, et Moreau avait raison de résister à des entraînements qui pouvaient compromettre le plan général. Nous sommes donc loin de nous étonner des dissentiments qui se sont élevés alors entre le général en chef et ses principaux lieutenants; nous excusons même ces derniers, bien qu'au point de vue de la discipline, le tort soit de leur côté; mais en même temps nous approuvons le général Moreau de s'être séparé d'eux, d'avoir pris de nouvelles dispositions pour l'organisation de son armée et d'avoir confié à d'autres lieutenants ses principaux commandements militaires. D'un autre côté, quelques désordres s'étaient glissés dans l'administration des subsistances et avaient menacé de soulever le mécontentement des troupes. Aussitôt que le général Moreau put découvrir les coupables, il prit des mesures rigoureuses pour rétablir l'ordre, et rendit notamment un arrêt qui condamnait à être fusillé le commissaire Pommier convaincu d'exaction.

Sur ces entrefaites, le prince de Reuss, voyant le Rheinthal abandonné par le général Moncey, qui avait franchi le Saint-Gothard, eut l'idée de sortir de son inaction et de lancer quelques bataillons au delà du Rhin, vers Ragaz et Bregenz; mais le général Molitor, envoyé à leur rencontre, n'eut pas de peine à réprimer cette vaine tentative, et à faire rétrograder les Autrichiens dans leurs anciennes positions.

Les armées restèrent jusqu'au 4 juin en observation; le maréchal Kray se préparait à nous surprendre. Dans la nuit du 5 juin, 30,000 hommes sortirent d'Ulm et se rassemblèrent sur la droite du Danube pour assaillir une seconde fois notre gauche entre l'Iller et le Danube, tandis que 26,000 hommes, portés au delà de l'Iller, devaient contenir le reste de nos troupes.

Mais cette fois, le général Moreau avait pris ses mesures pour déjouer ce calcul. Le général Lecourbe avait reçu l'ordre de quitter Augsbourg le 3, pour rallier le gros de l'armée; la réserve et le centre s'étaient rapprochés de la gauche et purent se porter à son secours au moment où elle venait d'être attaquée. L'issue de cette nouvelle bataille ne fut pas longtemps douteuse, les Autrichiens, attaqués avec impétuosité, furent de nouveau forcés d'aller chercher un refuge sous le canon d'Ulm, après avoir essuyé une perte de 2,000 hommes.

Cependant ces engagements épuisaient le courage de nos troupes. Le moment était venu de sortir de cette espèce d'échiquier sur lequel les généraux ennemis s'étudiaient à combiner des marches et des passages de fleuve, sans autre effet que de verser beaucoup de sang. Des nouvelles d'Italie arrivèrent fort à propos pour rendre à l'armée du Rhin sa liberté d'action et lui permettre enfin de prendre un rôle plus digne de sa valeur. L'armée de réserve avait franchi les Alpes, et s'était déployée victorieusement dans les plaines de la Lombardie, on pouvait désormais sans scrupule l'abandonner à elle-même.

Dans cette situation nouvelle le général Moreau n'hésita plus à prendre l'offensive avec plus de vigueur; il résolut de gagner le bas Danube et de menacer la communication des Autrichiens avec Ratisbonne et le centre de l'Empire, afin de les forcer à abandonner le camp retranché où ils s'étaient obstinément renfermés.

CHAPITRE XIV.

Passage du Danube à Blindheim. — Bataille d'Hochstett. — Retraite précipitée du maréchal Kray. — Mort de Latour-d'Auvergne. — Moreau poursuit l'armée autrichienne jusque sur l'Isar. — Il envoie Lecourbe au-devant du prince de Reuss pour lui enlever les débouchés du Tyrol. — Armistice de Parsdorf.

Dans cette nouvelle phase de sa campagne, le général Moreau va développer une énergie et une activité qui le conduiront promptement au but. Ce sera la meilleure réponse aux historiens qui n'ont pas rendu justice à ses talents militaires et qui ont cru voir une absence de résolution et un défaut de coup d'œil dans les calculs d'une prudence intelligente et désintéressée.

Les ressources du pays, où l'armée française manœuvrait depuis quelques semaines, commençaient à s'épuiser, tandis que l'armée autrichienne, en relation directe avec tous ses magasins, pouvait s'approvisionner facilement. C'était un motif de plus de couper la ligne d'opération du maréchal Kray, en passant le Danube au-dessous de Donauwerth. Il était évident que le général autrichien serait forcé de sortir d'Ulm, et de venir livrer bataille en rase campagne, ou de faire une retraite excentrique par la rive gauche pour rétablir ses communications avec l'Empire.

Ce qui importait, c'était de dérober le mouvement de l'armée à un ennemi vigilant et de le devancer sur le point où l'armée devait se réunir pour franchir le Danube.

Le général Moreau donna ordre au général Lecourbe, qui commandait l'aile droite, de rejeter au delà du Lech, le corps du général Mehrfeld qui défendait Augsbourg et de se rapprocher du Danube. En même temps il fit attaquer, avec son centre, les divisions ennemies qui occupaient la rive droite, depuis Ulm jusqu'à Dillingen, et refusant lentement sa gauche, afin de masquer son mouvement vers le bas Danube, il porta son avant-garde en face des villages de Blindheim et Grœnheim où les bords du fleuve présentaient les escarpements les plus faciles à aborder, et qui offrait, dans la vaste plaine d'Hochstett, un vaste champ de bataille où ses troupes pouvaient librement se développer.

D'un autre côté, les généraux Molitor et Nansouty eurent ordre de se porter vers les débouchés du Tyrol et de contenir les attaques que le prince de Reuss pourrait diriger sur les flancs de l'armée.

Ces manœuvres exécutées avec ensemble et précision obtinrent un succès complet. Les corps ennemis qui occupaient la rive droite attaquée sur toute la ligne, se retirèrent sur la rive gauche, après avoir coupé tous les ponts jusqu'à Donauwerth, mais sans se douter du point où le général Moreau allait concentrer ses forces pour effectuer le passage du fleuve.

Le 19 juin, à la pointe du jour, le général Lecourbe démasque en face de Blindheim une batterie qui force bientôt les détachements ennemis défendant la rive opposée à s'en éloigner. 80 nageurs se précipitent aussitôt dans le fleuve et le traversent suivis de deux barques qui transportent leurs armes et leurs effets. Arrivés sur la berge, ils saisissent leurs fusils et fondent sur les avant-postes autrichiens qui se retirent étonnés de tant d'audace. En même temps, des échelles sont jetées sur les piles du pont rompu de Blindheim; une communication est établie et en quelques instants une brigade passe et va se loger dans les villages de Blindheim et de Grœnheim ; le reste de l'armée suit ce mouvement.

L'alarme étant donnée à l'ennemi, les postes les plus voisins de Dillingen et Donauwerth, se mettent en marche dans l'espoir de disputer le passage aux premiers bataillons qui viennent de franchir le fleuve. Déjà, 4,000 hommes venus de Donauwerth sont aux prises avec notre infanterie et menacent de l'enfoncer ; mais le général Lecourbe, à la tête de deux escadrons de carabiniers et de quelques pelotons de hussards, arrive sur le lieu du combat, et charge l'ennemi avec tant d'impétuosité que 2,500 hommes mettent bas les armes. Tout ce qui ne succombe pas se retire sur Donauwerth en désordre. Se portant alors sur la gauche à la rencontre des Autrichiens qui étaient venus de Dillingen, il les trouve aux prises avec les généraux Gudin et Montrichard, qui s'étaient avancés dans la plaine d'Hochstett, et qui avaient de la peine à se déployer sous le feu de l'ennemi. Le général Lecourbe se précipite sur la droite de l'infanterie autrichienne, coupe sa ligne entre Dillingen et Hochstett, sépare 1,800 hommes du corps principal, les force à se rendre prisonniers, et poursuit le reste jusqu'à Gundelfingen. Ce nouveau succès ayant rejeté les Autrichiens loin de Dillingen, permet de rétablir le pont qui existait sur ce point et assure le libre passage de notre aile droite.

Cependant le général Kray, averti de la manœuvre des Français, avait détaché son artillerie légère et sa cavalerie pour soutenir l'infanterie qui, plus rapprochée du lieu de l'action, s'était mise la première en mouvement. Vers cinq heures du soir, ces troupes arrivèrent sur la Brentz et se formèrent sur deux lignes fort étendues, la cavalerie en tête. Le général Lecourbe avait réuni, de son côté, quatre régiments de cavalerie pour faire face à l'ennemi. La cavalerie autrichienne arrivant en masse fit replier les deux régiments de carabiniers français et le 9⁰ de hussards qui s'étaient le plus avancés ; mais ils se rallièrent promptement derrière un régiment de cuirassiers et revinrent à la charge ; cette fois, les cavaliers s'abordèrent et, de part et d'autre, on soutint la lutte avec intrépidité ; c'était la première fois que notre cavalerie se trouvait sérieusement aux prises avec la cavalerie autrichienne, qui avait à cœur de se montrer digne d'elle-même ; l'issue de cet engagement pouvait inspirer de justes inquiétudes au général français, lorsque le 9ᵉ hussards, resté en arrière, saisit l'occasion de charger en flanc les escadrons autrichiens, et les rejeta en désordre sur l'infanterie.

Pendant ce combat, le général Moreau, avec sa réserve, avait franchi le Danube sur les ponts de Dillingen et Lauingen, et s'était décidé à rejeter immédiatement la cavalerie en dehors de la plaine d'Hochstett, où elle aurait pu se déployer avec avantage si on lui avait laissé le temps de recevoir les renforts que le maréchal Kray, devait lui envoyer d'Ulm.

Il restait à peine deux heures de jour ; la cavalerie française s'avança en bon ordre, elle aborda franchement celle des Autrichiens qui s'était remise de son premier échec, le combat s'engagea de nouveau sur tous les points ; il fut sanglant, opiniâtre et se prolongea bien avant dans la nuit ; des deux côtés on se chargea et se ramena plusieurs fois, jusqu'à ce qu'enfin, les escadrons français ayant forcé les Autrichiens de repasser la Brentz, restèrent maîtres de la plaine d'Hochstett. La cavalerie autrichienne ne perdit pas, dans cette mêlée, sa réputation de valeur et de solidité, mais la cavalerie française y fonda la sienne. Les généraux Lecourbe et Moreau avaient chargé eux-mêmes plusieurs fois au plus fort de l'action, et ces exemples d'intrépidité, toujours entraînants dans les armées françaises, avaient grandement contribué au succès de la journée.

L'armée du Rhin venait de remporter une victoire partielle mais décisive, à quatre jours seulement de la bataille de Marengo. 5,000 prisonniers, 20 pièces de canon, plusieurs drapeaux, 1,200 chevaux, 300 voitures et les magasins de Donauwerth étaient tombés en notre pouvoir ; l'évacuation de la Souabe, de la Franconie et de la Bavière, allait bientôt être la conséquence de ce succès.

Le maréchal Kray ne pouvait plus rester dans le camp retranché d'Ulm sans s'exposer à perdre toutes ses communications avec Vienne ; il l'avait compris à la première nouvelle qu'il avait reçue du passage du général Lecourbe au-dessous d'Hochstett. En conséquence, et sans perdre un seul instant, il avait formé une garnison pour la place d'Ulm, porté sa droite et une partie de sa cavalerie au passage du Danube, pour le disputer ou du moins le retarder, et, avec le reste de l'armée, il s'était mis en mouvement par Neresheim, pour gagner à marches forcées Neubourg, y rallier le corps du général Meerfeld, couvrir le reste de la Bavière et prendre position derrière le Lech. Cette manœuvre demi-circulaire autour de l'armée française était périlleuse; un temps affreux, des routes dégradées, la rendaient plus compromettante encore; mais elle fut exécutée avec tant de célérité, que, le 23 au soir, l'armée autrichienne arriva dans les environs de Nordlingen, suivie de sa cavalerie, qui, après la bataille d'Hochstett, avait reçu l'ordre de former l'arrière-garde.

Le général Moreau, empressé de profiter de sa victoire, avait accéléré, le lendemain de la bataille, le passage de ses réserves, ne laissant que les généraux Richepanse et Ney pour contenir la place d'Ulm; lorsqu'il apprit que le maréchal Kray avait abandonné cette place, il conçut l'espoir d'une rencontre si vivement attendue, et écrivit, le 22, au ministre de la guerre, de son quartier général de Dillingen : « M. de Kray vient de quitter Ulm et « marche, dit-on, pour nous combattre, nous comp- « tons lui éviter la moitié du chemin. »

Moreau fut bientôt averti que l'ennemi, loin de lui offrir la bataille, fuyait en toute hâte; il se mit à sa poursuite, malgré le mauvais temps; mais le maréchal Kray avait dérobé sa première marche, et il était impossible de le gagner de vitesse par un temps aussi affreux. Notre avant-garde put à peine le joindre près de Neresheim et lui enlever une partie de ses équipages.

Le lendemain, 24 juin, le général Kray, se voyant si ardemment poursuivi, envoya un parlementaire au général Moreau, pour lui annoncer qu'il venait de recevoir la nouvelle de l'armistice conclu en Italie et lui proposer une suspension d'armes, sans lui parler de la victoire de Marengo. Moreau, supposant avec raison que des événements considérables s'étaient accomplis au delà des Alpes, ne voulut entendre aucune proposition avant de connaître lui-même l'état des choses et refusa la proposition du général Kray, dont le but évident était de gagner du temps pour achever son mouvement de retraite.

Toutefois, voyant que l'armée ennemie avait gagné une marche et qu'il était impossible de l'atteindre, Moreau résolut de la prévenir sur l'Isar, de la forcer à se retirer jusque derrière l'Inn, et de conquérir un pays moins ravagé, où son armée pourrait trouver des approvisionnements abondants.

Il repassa, en conséquence, le Danube et le Lech, et détacha la division Decaen, la plus forte de l'armée, pour se porter à marches forcées sur Munich. Le général Decaen exécuta cet ordre avec une prodigieuse activité, il franchit en trois marches le chemin qu'il avait à parcourir, livra trois combats aux troupes du général Meerfeld et entra à Munich le 28 juin. Pendant que le général Decaen s'avançait si rapidement, il fallait empêcher qu'il ne fût coupé, si le maréchal Kray, ayant repassé le Danube, venait prendre position sur la droite du Lech ; le général Lecourbe fut donc dirigé en toute hâte sur cette rivière et arriva à Rhain le 26, le jour où le maréchal Kray franchissait le Danube avec 25,000 hommes à Neubourg. Le lendemain matin, la division Montrichard, qui formait l'avant-garde du général Lecourbe, rencontra les avant-postes des Autrichiens, venant de Neubourg et se portant sur le Lech. Elle les assaillit avec intrépidité, sans s'arrêter à l'importance du corps qui les suivait; cette résolution faillit lui devenir funeste. Attaquée par des forces supérieures, débordée sur sa droite, canonnée à sa gauche, la division Montrichard fut forcée de se replier sur le village d'Oberhausen; mais sa résistance énergique donna au général Lecourbe le temps d'arriver à son secours avec la division Grandjean. Le combat se rétablit alors, et l'acharnement fut tel, que, les munitions étant épuisées, la lutte continua à l'arme blanche, jusqu'à dix heures du soir, autour du village d'Oberhausen, qui resta enfin aux Français.

C'est là que le brave La Tour d'Auvergne (1), frappé au cœur de la lance d'un uhland, succomba au premier rang des grenadiers de la 46e demi-brigade. Cet officier, blanchi dans les combats, était sorti de sa retraite pour faire cette campagne en simple soldat. Honoré du titre de premier grenadier de France, il excita des regrets universels ; l'armée porta le deuil de sa mort pendant trois jours et ne quitta le champ de bataille qu'a-

---

(1) Théophile Malo Corret de Kerbeaufret, né en 1743, autorisé, en 1785, par le duc de Bouillon, à prendre le nom de La Tour d'Auvergne.

près lui avoir élevé un monument. Sa place dans la 46ᵉ ne fut pas remplie, mais son nom n'a jamais cessé d'être prononcé à chaque appel, et jamais, dans cette brigade, on n'a cessé d'y répondre par cette glorieuse oraison funèbre : *Mort au champ d'honneur.*

Le maréchal Kray, voyant qu'il n'avait pu prévenir les Français sur le Lech, et apprenant que le général Meerfeld avait évacué Munich, repassa le Danube et se retira à Ingolstadt, en suivant la rive gauche. Il y arriva le 28, y jeta garnison, et repartit dans la nuit du 29 au 30 ; enfin, il repassa le Danube à Vohbourg et vint prendre position sur l'Isar, à Landshut, le 1ᵉʳ juillet, dans un état pitoyable.

Après un séjour de trente-six heures dans cette ville, il se porta encore en arrière, pour se rapprocher de la route de Vienne et rallier le prince de Reuss, qui était arrivé à Benedictbeuren.

L'archiduc Ferdinand, resté à Landshut avec l'arrière-garde autrichienne, s'y trouvait encore au moment où notre avant-garde, commandée par le général Leclerc, arriva devant cette ville. La position semblait formidable, la ville de Landshut étant coupée par deux bras de l'Isar et ne pouvant être envahie que par deux ponts d'une facile défense. Mais les Français s'élancèrent avec tant d'impétuosité qu'ils arrivèrent au premier pont avant que tous les détachements ne fussent rentrés, et leur enlevèrent 400 prisonniers.

L'archiduc Ferdinand, voyant que toute résistance serait inutile et que sa retraite pourrait être compromise, se retira avec précipitation.

Il était évident que le maréchal Kray évitait tout engagement sérieux et qu'on n'avait rien à redouter de ce côté. Le général Moreau se décida, en conséquence, à prendre position sur l'Isar et à attendre le résultat des événements qui s'étaient accomplis en Italie. Mais, pour achever de se débarrasser de toute inquiétude sur son flanc droit, que le prince de Reuss n'avait cessé de menacer, et pour s'ouvrir une communication avec l'armée d'Italie, il chargea le général Lecourbe d'enlever les positions de Coire, Fuessen et Feldkirch, et de resserrer le prince de Reuss dans le Tyrol.

Cette opération était difficile; on a justement comparé le Tyrol à une vaste forteresse; séparé de la Bavière et de la Souabe par une chaîne de montagnes élevées, il n'est accessible que par les vallées de l'Inn, du Lech, de l'Iller et du Rhin. Feldkirch, fermant la vallée du Rhin du côté de la Suisse, est à la fois la clef du Tyrol et de l'Italie. Immenstadt et Fuessen gardent le débouché des vallées du Lech et de l'Iller. Les Autrichiens avaient un camp retranché à Feldkirch, devant lequel Masséna avait échoué deux ans auparavant. Pour enlever le camp de Feldkirch, occupé par le général Jellachich, le général Moreau attira l'attention du prince de Reuss sur la Bavière, en l'attaquant à Schongau et Weilheim. Le mouvement du général Lecourbe étant dérobé à l'ennemi par cette agression, le général Molitor se porta sur Bregenz et Feldkirch, pendant que le général Laval marchait sur Immenstadt et le général Gudin sur Fuessen. Le général Jellachich n'avait que 4,000 hommes pour défendre le camp de Feldkirch, menacé en même temps par le général Molitor, qui arrivait de Bregenz, et par le général Laval, qui s'était emparé de Fuessen et menaçait de le prendre en flanc, le général Jellachich se décida à évacuer Feldkirch. La place fut remise, le 14, au général Molitor, et les Autrichiens se retirèrent dans la direction de Bludenz.

Sur ces entrefaites, le général Moreau ayant reçu du Gouvernement français l'instruction d'agir comme il le jugerait convenable, pensa avec raison que l'armée du Rhin étant dans une position plus avancée que celle d'Italie, ne devait pas chercher à gagner du terrain, et que le moment était venu de donner à ses soldats le repos que le Premier Consul avait donné aux siens, après la bataille de Marengo et la convention d'Alexandrie. Il se décida, en conséquence, à prêter l'oreille aux propositions que le maréchal Kray lui avait faites à plusieurs reprises, et il conclut, le 15 juillet, à Parsdorf, un armistice qui assurait à l'armée du Rhin l'occupation de tous les pays que sa valeur venait de conquérir.

La suspension des hostilités devait s'étendre sur toute l'Allemagne, la Suisse, le Tyrol et les Grisons.

La reprise des hostilités devait être dénoncée réciproquement douze jours à l'avance.

L'armée française devait occuper tout le pays compris dans une ligne de démarcation qui partait de Chiavenna, au pied du Splugen, passait à Coire et Balzers, près de Feldkirch, suivait la vallée de l'Inn jusqu'aux sources du Lech, et parcourant les sinuosités déterminées par la position respective des armées, entre l'Isar et l'Inn, passait le Danube à Wilshofen, remontait ce fleuve jusqu'à Kelheim, suivait le cours de l'Altmuhl jusqu'à Pappenheim, reprenait à Weissenbourg le cours de la Rednitz jusqu'à son embouchure sur le Mein, qu'elle suivait jusqu'à Mayence, enveloppant ainsi la partie occidentale de la Bavière, le Wurtemberg, les pays de Bade et de Darmstadt.

L'armée autrichienne occupait naturellement tout le pays situé à l'est de cette ligne de démarcation ; c'est-à-dire la partie orientale des Grisons, le Tyrol, la Bavière centrale et orientale, la Hesse électorale et le duché de Nassau.

Les places d'Ulm, Ingolstadt, Philipsbourg, qui se trouvaient en deçà de la ligne de démarcation de l'armée française, devaient rester sous tous les rapports dans la situation où les trouvait l'armistice, et recevoir, tous les dix jours, des approvisionnements proportionnés aux besoins de leurs garnisons.

Aucun pont ne devait être établi sur les rivières servant de ligne de démarcation, et les avant-postes ne devaient pas communiquer entre eux.

Nous aurions pu ajouter ici, à l'honneur de l'armée du Rhin, le récit de la bataille de Hohenlinden, livrée quelques mois après la rupture de l'armistice et avant la fin de l'année 1800; mais le but de cet écrit n'est pas de raconter tous les faits d'armes accomplis dans le courant de cette année. En traçant l'histoire de la campagne de 1800, nous avons pris pour cadre le plan de campagne arrêté par le général Bonaparte, et nous avons voulu y faire entrer exclusivement les opérations qui s'y rattachent, c'est-à-dire celles des trois grandes armées qui manœuvraient en même temps sur les Apennins, sur le Rhin et sur les Alpes, pour en assurer le succès. Après avoir montré le lien qui existait entre toutes ces opérations et en avoir suivi les derniers développements, nous pouvons nous considérer comme arrivés au terme de ce que nous avons appelé la campagne de 1800, et nous allons terminer notre narration en jetant un regard rapide sur l'ensemble des événements que nous venons de dérouler sous les yeux du lecteur, afin de graver dans son esprit cette grande et audacieuse entreprise, que le génie de Bonaparte était seul capable de concevoir et que ses jeunes lieutenants étaient si dignes d'exécuter.

CHAPITRE XV.

Résumé des opérations de la campagne de 1800.—Heureuse coïncidence des mouvements des armées de Ligurie, du Rhin et de réserve. — Influence de la cavalerie sur les journées d'Hochstett et de Marengo.

Accouru des bords du Nil pour rétablir l'ordre en France et relever la gloire de ses armes, le général Bonaparte pouvait se dire avec orgueil qu'il avait accompli cette double tâche en moins d'une année. Après avoir pacifié l'intérieur du pays, rétabli l'ordre, relevé les finances et fondé un gouvernement régulier, il avait été au-devant de l'ennemi extérieur avec une résolution digne de la victoire. Les trois armées qu'il avait remises sur pied avaient répondu à son attente. Elles avaient vaincu les obstacles de tout genre que la nature et un ennemi victorieux opposaient à leur marche.

L'armée du Rhin, entrée en campagne le 25 avril, avait rapidement franchi ce fleuve, forcé l'armée du maréchal Kray dans toutes les positions qu'elle occupait au milieu de la Forêt-Noire, livré, en quelques jours, les batailles de Stockach, d'Engen et de Mœskirch, rejeté l'aile droite des Autrichiens sur le Danube, en même temps qu'elle paralysait son aile gauche dans le Tyrol, et, le 10 mai, contraint le maréchal Kray à se renfermer dans le camp retranché d'Ulm, couvrant ainsi le flanc gauche de l'armée de réserve, dans le mouvement que celle-ci allait faire à travers la Suisse et la Lombardie. Après avoir obtenu cet important succès, qui lui donnait la supériorité sur l'ennemi, l'armée du Rhin avait pu faire un détachement considérable pour l'armée de réserve, et se borner à contenir l'ennemi, en attendant que cette armée, dont elle devait, avant tout, couvrir les opérations, se fût mise en ligne. Cependant, à la première nouvelle du passage des Alpes par le Premier Consul, le général Moreau s'était hâté d'attirer les Autrichiens sur la route de Vienne, et, après avoir manœuvré pendant quelques jours dans ce but avec une incontestable habileté, il avait gagné la bataille d'Hochstett, le 19 juin, pour ainsi dire en même temps que se livrait la bataille de Marengo; enfin, le 15 juillet, il avait fait signer au maréchal Kray l'armistice de Parsdorf. En quatre-vingts jours, il avait refoulé l'armée impériale jusqu'aux frontières de l'Autriche proprement dite, et s'était emparé des provinces les plus riches de l'Empire d'Allemagne. L'armée du Rhin avait conquis le droit de se reposer de ses fatigues dans les plaines fertiles qu'elle avait arrosées de son sang et enlevées par l'élan irrésistible de son courage, bien plus encore que par le nombre de ses baïonnettes.

Pendant que l'armée du Rhin remplissait si heureusement la mission qui lui avait été assignée, l'armée de Ligurie avait dépassé les limites du juste concours qu'il avait été permis d'attendre d'elle. A peine forte de 30,000 hommes, elle avait tenu tête à plus de 100,000 des meilleures troupes que l'Autriche eût jamais mises en ligne. Coupée en deux, dès le début de la campagne, elle avait forcé l'armée impériale à se diviser elle-même pour combattre devant Gênes et sur le Var. Masséna, à la tête de 18,000 hommes seulement, avait défendu la position de Gênes, pendant deux mois, et mis plus de 20,000 ennemis hors de combat. Suchet, de son côté, avait tenu la ligne du Var avec 12,000 hommes et barré le chemin de la France au général Mélas, venu lui-même dans le comté de Nice, à la tête d'un détachement considérable, dans l'espoir de donner la main aux insurrections préparées dans le midi. En un mot, l'armée de Ligurie s'était immolée afin d'appeler l'attention et les efforts de l'armée autrichienne, soit devant Gênes, soit sur le Var, pendant que l'armée de réserve franchissait les Alpes. Jamais diversion n'avait été opérée avec plus de succès, plus d'énergie et plus d'abnégation.

Le Premier Consul avait vu avec une grande satisfaction l'ennemi, tombant dans le piége qu'il lui avait tendu, s'enfermer dans la rivière de Gênes avec le gros de son armée, et il avait saisi ce moment pour se précipiter sur ses flancs dégarnis. L'armée de réserve, électrisée par la grandeur même de son entreprise, avait franchi les Alpes, comme les aigles, et traversé les défilés du Saint-Bernard sans s'arrêter devant aucun obstacle. Arrivée dans les plaines du Piémont, elle avait donné le change à la garnison de Turin par une fausse pointe vers cette ville, et s'était jetée sur Milan, culbutant sur son passage les faibles détachements qui essayaient en vain de lui résister. Quelques jours après, prenant à revers l'armée autrichienne, et coupant ses communication avec l'Empire, elle s'était rendue maîtresse de tout le cours du Pô, depuis Pavie jusqu'à Plaisance. Le général Mélas qui, peu de jours auparavant, se faisait encore illusion sur l'armée de réserve, et se croyait sur le point d'envahir la France épuisée d'hommes et d'argent, s'était vu tout à coup obligé d'abandonner la ligne du Var et le siége de Gênes et avait rappelé à lui tous ses lieutenants pour faire face en arrière à l'armée qui venait se placer entre lui et sa base d'opération. Ce n'était pas une poignée d'hommes qui avait traversé les Alpes, c'était une armée toute entière, dirigée par le général Bonaparte, déjà dix fois vainqueur, quand on se doutait à peine de sa présence en Italie. Ce n'était plus la frontière de France qui était menacée, c'était la frontière des États autrichiens ; il fallait s'y porter sans retard.

Mais cette résolution elle-même avait été devancée par la rapidité des mouvements de l'armée de réserve.

Les détachements envoyés en toute hâte pour secourir Plaisance avaient été dispersés. Le général Ott, revenant du siége de Gênes, à la tête d'un corps d'armée considérable, avait été rencontré et battu à Montebello, par l'avant-garde de l'armée de réserve. Enfin, les deux armées s'étaient heurtées sur le champ de bataille choisi par le général Mélas lui-même, qui devait échouer dans ce dernier effort ; une victoire disputée mais décisive était venue mettre le sceau à toutes les victoires partielles déjà remportées et assurer à l'armée française la possession de toute l'Italie septentrionale, jusqu'au pied des remparts de Mantoue et des montagnes du Tyrol.

La coalition qui, deux mois auparavant, était encore aux portes de la France et sur le point de l'envahir, avait été vaincue sur toute la ligne, depuis les rivages de la Méditerranée jusqu'aux bords du Mein. Nous avions répondu à ses espérances de conquête en la subjuguant à Marengo et à Hochstett. De la situation la plus désespérée la France était remontée à l'apogée de la gloire ; les campagnes suivantes devaient ajouter à sa puissance, mais rien ne devait égaler cette merveilleuse expédition, partie du pied des Alpes pour aboutir à Marengo.

La cavalerie française avait été pour beaucoup dans le succès de cette campagne ; c'est elle qui, à Hochstett, comme à Marengo, avait décidé la victoire, malgré la supériorité du nombre de la cavalerie autrichienne, et malgré la juste réputation qui lui était acquise. Les généraux Lecourbe et Kellermann avaient prouvé que rien n'était impossible à des troupes bien commandées. Et qu'on ne s'étonne pas de cette glorieuse part faite à la cavalerie ; une de ses missions, à la guerre, est en effet, de pénétrer dans les rangs ennemis et d'y jeter la confusion ; or, c'est précisément dans les circonstances désespérées qu'elle peut jouer ce rôle décisif.

Ce même général Kellermann, qui eut l'honneur de relever à Marengo la fortune de son pays, put espérer, quinze ans plus tard, d'obtenir la même faveur de la fortune, et d'enlever une seconde fois à l'armée ennemie son général en chef et la victoire : c'était à la bataille de Ligny, au moment où l'Empereur venait d'envoyer au maréchal Ney, qui commandait la gauche de notre armée, l'ordre de s'emparer de la ferme des Quatre-Bras; Napoléon avait compté que l'occupation de cette position importante pouvait décider du sort de la journée. Principale communication des armées anglaise et prussienne, c'était, suivant ses propres expressions, la clef de tout. Le maréchal Ney, voyant les efforts de son infanterie contre un ennemi dont les forces grossissaient à chaque instant, appela le général Kellermann, qui commandait la réserve des cuirassiers, et, se servant des mêmes mots que l'Empereur venait de lui adresser, il lui dit : « Mon « cher général, il s'agit du salut de la France, il faut un « effort extraordinaire, prenez votre cavalerie, jetez-vous

CHAPITRE XV.   239

« au milieu de l'armée anglaise, écrasez-la... » C'était au moment le plus chaud de la bataille, il était sept heures du soir. Le général n'avait avec lui qu'une brigade de cuirassiers, le reste de son corps de cavalerie était resté en arrière d'après les ordres du maréchal; mais celui-ci promit de lancer à la suite du général Kellermann 4 à 5,000 chevaux qui se trouvaient près de là. Comptant sur la promesse du maréchal et persuadé qu'on le suivait, le général Kellermann part à la tête de 600 cuirassiers, et, sans se donner le temps d'envisager la grandeur des obstacles, il les entraîne en colonne et se jette à corps perdu au milieu de l'infanterie anglaise. Le premier régiment qu'il rencontre était le 69ᵉ, dont il reçoit la décharge à trente pas, mais, sans s'arrêter, il passe sur le ventre de ce régiment qui est dispersé ou détruit, il renverse successivement les différentes lignes qu'il rencontre et arrive jusqu'à la ferme des Quatre-Bras, où se tenait le duc de Wellington, qui n'eut que le temps de sauter à cheval et de se soustraire à cette impétueuse rencontre (1). La brèche était ouverte, l'armée ennemie était ébranlée, on voyait l'inquiétude et le flottement de ses lignes, peut-être c'en était fait de cette armée, si le mouvement du général Kellermann avait été appuyé par

---

(1) C'est le comte de Sales, attaché à l'état-major du duc de Wellington, et depuis ambassadeur à Paris, qui nous a confirmé ce fait important dont il a été témoin.

la cavalerie des généraux Colbert, Lefèvre-Desnouettes et Piré, qui étaient là, sous les ordres du maréchal Ney. Mais aucun ne s'ébranla ; le général Kellermann, abandonné à lui-même, son cheval tué, se trouva au milieu des Anglais, seul, avec ses cavaliers dispersés par l'impétuosité même de leur charge ; ceux-ci, ne se voyant pas soutenus, et en si petit nombre au milieu de l'armée ennemie, craignirent d'être enveloppés et revinrent avec précipitation vers l'armée française. C'est alors seulement que le maréchal Ney fit partir la division Piré ; mais l'ennemi était revenu de son étonnement et ne se laissa plus entamer. Le maréchal fit recommencer plusieurs attaques sans succès. L'occasion était manquée, et, dans un jour de bataille, l'occasion c'est la victoire. A Ligny, le succès du général Kellermann n'avait pas été moins décisif qu'à Marengo, mais 600 cuirassiers ne pouvaient garder seuls la brèche profonde qu'ils avaient faite ; elle s'était refermée derrière eux, et l'armée anglaise, plus heureuse que l'armée autrichienne dans la plaine de Marengo, avait ainsi échappé au désastre qu'une charge de cavalerie pouvait lui faire essuyer.

PIÈCES JUSTIFICATIVES.

N° 1.

BULLETIN DE L'ARMÉE DE RÉSERVE.

Torre-di-Garofolo, le 26 prairial an VIII (14 juin 1800).

Après la bataille de Montebello, l'armée s'est mise en marche pour passer la Scrivia : l'avant-garde, commandée par le général Gardanne, a, le 24, rencontré l'ennemi, qui défendait les approches de la Bormida et les *trois ponts*, qu'il avait près d'Alexandrie, l'a culbuté, lui a pris deux pièces de canon et fait cent prisonniers.

La division du général Chabran arrivait en même temps le long du Pô, vis-à-vis de Valence, pour empêcher l'ennemi de passer ce fleuve. *Ainsi M. de Mélas se trouvait cerné entre la Bormida et le Pô. La seule retraite de Gênes, qui lui restait après la bataille de Montebello, se trouvait interceptée. L'ennemi paraissait n'avoir encore aucun projet, et être très-incertain de ses mouvements.*

Le 25, à la pointe du jour, l'ennemi passa la Bormida sur ses trois ponts, résolu de se faire une trouée, déboucha en force, surprit notre avant-garde et commença, avec la plus grande vivacité, la bataille de Marengo, qui décide enfin le sort de l'Italie et de l'armée autrichienne.

Quatre fois, pendant la bataille, nous avons été en retraite, et quatre fois nous avons été en avant. Plus de 60 pièces de canon ont été de part et d'autre, sur différents points et à différentes heures, prises et reprises. *Il y a eu plus de douze charges de cavalerie, et avec différents succès.*

Il était trois heures après midi ; 10,000 hommes de cavalerie débordaient dans la plaine de San-Giuliano. Ils étaient soutenus par une ligne de cavalerie et beaucoup d'artillerie. *Les grenadiers de la garde furent placés comme une* REDOUTE DE GRANIT *au milieu de cette immense plaine : rien ne put l'entamer ; cavalerie, infanterie, artillerie, tout fut dirigé contre ce bataillon, mais en vain. Ce fut alors que vraiment l'on vit ce que peut une poignée de gens de cœur.*

Par cette résistance opiniâtre, la gauche de l'ennemi se trouva contenue, et notre droite appuyée jusqu'à l'arrivée du général Monnier, qui enleva à la baïonnette le village de Castel-Ceriolo

La cavalerie ennemie fit alors un mouvement rapide sur notre gauche, qui déjà se trouvait ébranlée. *Ce mouvement précipita sa retraite* (1).

L'ennemi avançait sur toute la ligne faisant un feu de mitraille avec plus de cent pièces de canon. *Les routes étaient couvertes de fuyards, de blessés, de débris ; la bataille paraissait perdue* (2). On laissa avancer l'ennemi jusqu'à une portée de fusil du village de San-Giuliano, où était en bataille la division Desaix, avec huit pièces d'artillerie légère en avant et deux bataillons en potence, en colonne serrée sur les ailes. *Tous les fuyards se rallièrent derrière ; déjà l'ennemi faisait des fautes qui présageaient sa catastrophe : il étendait trop ses ailes.*

La présence du premier consul ranimait le moral des troupes.

---

(1) Cet aveu ne se trouve plus dans les autres relations.
(Note du *Mémorial de la guerre*.)

(2) Ceci est plus fort qu'aucun passage de la relation allemande. On ne songe point ici à pallier le mal qui a été réparé ; on pense, avec raison, que c'est une assez grande gloire que de le réparer.
(Note du *Mémorial de la guerre*.)

« Enfants, leur disait-il, souvenez-vous que mon habitude est de coucher sur le champ de bataille. »

Aux cris de vive la République! vive le Premier Consul! Desaix aborda l'ennemi au pas de charge et par le centre; dans un instant l'ennemi fut culbuté. Le général Kellermann (1), qui, avec sa brigade de grosse cavalerie, avait toute la journée *protégé la retraite de notre gauche*, *exécuta une charge avec tant de vigueur, et si à propos, que 6,000 grenadiers et le général Zach, chef de l'état-major général, furent faits prisonniers, et plusieurs généraux ennemis tués.*

Toute l'armée suivit ce mouvement : la droite de l'ennemi se trouva coupée, la consternation et l'épouvante se mirent dans ses rangs.

La cavalerie autrichienne s'était portée au centre pour protéger la retraite. Le chef de brigade Bessières, à la tête des *casse-cols* et des grenadiers de la garde, exécuta une charge avec autant d'activité que de valeur, perça la ligne de cavalerie ennemie, ce qui acheva l'entière déroute de l'armée. Nous avons pris 15 drapeaux, 40 pièces de canon, et fait 6 à 8,000 prisonniers; plus de 6,000 ennemis sont restés sur le champ de bataille.

La 9ᵉ légère a mérité le titre d'incomparable; la grosse cavalerie et le 8ᵉ de dragons se sont couverts de gloire. Notre perte est aussi considérable : nous avons eu 600 hommes tués, 1,500 blessés et 900 prisonniers.

Les généraux Boudet, Champeaux et Mainony sont blessés.

Le général en chef Berthier a eu ses habits criblés de balles; plusieurs de ses aides de camp ont été démontés.

---

(1) Ici on voit clairement combien le mouvement de Kellermann lui appartient en propre, et on voit que ce fut le mouvement décisif.

(Note du *Mémorial de la guerre.*)

Mais une perte vivement sentie par l'armée, et qui le sera par toute la République, ferme notre cœur à la joie. Desaix a été frappé d'une balle au commencement de la charge de sa division; il est mort sur le coup. Il n'a eu que le temps de dire au jeune Lebrun, qui était avec lui : *Allez dire au Premier Consul que je meurs avec le regret de n'avoir pas assez fait pour vivre dans la postérité.*

Dans le cours de sa vie, le général Desaix a eu quatre chevaux tués sous lui, et reçu trois blessures. Il n'avait rejoint le quartier-général que depuis trois jours; il brûlait de se battre, et avait dit deux ou trois fois la veille à ses aides de camp : *Voilà longtemps que je ne me bats plus en Europe; les boulets ne nous connaissent plus, il nous arrivera quelque chose.* Lorsqu'on vint, au plus fort du feu, annoncer au Premier Consul la mort de Desaix, il ne lui est échappé que ce seul mot : *Pourquoi ne m'est-il pas permis de pleurer?* Son corps a été transporté en poste à Milan, pour y être embaumé.

Le Premier Consul, aux Consuls de la République.

Torre-di-Garofolo, le 27 prairial an VIII (15 juin 1800.)

Le lendemain de la bataille de Marengo, citoyens consuls, le général Mélas a fait demander aux avant-postes qu'il lui fût permis de m'envoyer le général Skal. On a arrêté, dans la journée, la convention dont vous trouverez ci-joint copie (1). Elle a été signée, dans la nuit, par le général Berthier et le général Mélas. *J'espère que le peuple français sera content de son armée* (2).

Signé BONAPARTE.

---

(1) Voyez cette convention plus loin, n° 3.
(2) On reconnaît ici l'empreinte de l'époque; ce style n'a pas duré.
(*Note du Mémorial de la guerre.*)

Nº 2.

ÉTAT

DES HOMMES PRÉSENTS SOUS LES DRAPEAUX

AU 18 BRUMAIRE AN VIII.

Extrait des situations des ÉTAT des hommes présents sous les drapeaux aux Armées que le Directoire avait
Archives et du Dépôt de encore le 18 brumaire an VIII (9 novembre 1799).
la Guerre.

Ces Armées étaient ainsi dénommées à l'époque du 18 brumaire :

Armée		Général en chef
d'ITALIE,		CHAMPIONNET.
du DANUBE,		MASSÉNA.
du RHIN.		LECOURBE.
de la BATAVIE,		HÉDOUVILLE.
d'ANGLETERRE,		
d'ORIENT,	(Pour mémoire.)	

	INFANTERIE, CAVALERIE, ARTILLERIE.	CAVALERIE, chiffre compris dans le précédent.	OBSERVATIONS
ARMÉE D'ITALIE. Situation de la fin de brumaire an VIII, quartier général à . . . Troupes de l'aile droite, du centre et de l'aile gauche. . . . . Garnisons dépendantes de l'armée active. . . . Troupes polonaises et cisalpines. . . .	67,638	4,044	Les situations incomplètes de l'armée d'Italie, pour vendémiaire et brumaire, n'ont pas permis de présenter un chiffre antérieurement au 1ᵉʳ frimaire, date de la précédente situation.
ARMÉE DU DANUBE. Situation au 1ᵉʳ brumaire, quartier général à Zurich. . . . . Troupes présentes sous les armes des 7ᵉ divisions actives, de la division de réserve et de la division de l'intérieur de l'Helvétie. . . . Troupes de la 6ᵉ division militaire comprise dans l'arrondissement de l'armée	84,442	12,545	La division de l'intérieur de l'Helvétie est composée pour 3,043 hommes d'infanterie et 4,339 de cavalerie.

PIÈCES JUSTIFICATIVES.   249

général à Mannheim. . . . . Troupes présentes sous les armes des 4 divisions actives, de la division de cavalerie d'Hautpoul et des 2 divisions en position à Kehl, Mayence et Cassel. Troupes des 1re, 2e, 3e, 4e, 5e, 6e et 7e divisions territoriales comprises dans l'arrondissement de cette armée.	46,624	Dans ce chiffre, la cavalerie compte pour.	41,449
ARMÉE DE LA BATAVIE. Situation au 1er brumaire an VIII, quartier général à. . . . . Troupes des 5 divisions, la 5e comprenant celles des îles de Walcheren, Nord-Beveland, île de Schouven et Bravant-Batave.	35,133	Dans ce chiffre, la cavalerie compte pour.	2,856
ARMÉE D'ANGLETERRE. Situation au 15 vendémiaire, quartier général à. . . . . Les troupes de cette armée, composées de toutes armes, étaient réparties par petits détachements dans les 12e, 13e et 14e divisions militaires qui formaient son arrondissement.	27,097	Dans ce chiffre, la cavalerie compte pour.	4,803
ARMÉE D'ORIENT.	»	»	La situation au 1er brumaire n'existant pas, on a composé celle-ci avec les situations particulières des 12e, 13e et 14e divisions militaires. Pour mémoire.
TOTAL pour les 5 armées. . .	258,931	TOTAL de la cavalerie, compris dans le précédent. . .	32,664

Le chiffre effectif de ces armées était beaucoup plus considérable, puisque celui de l'armée du Rhin était, au 1er brumaire, de 82,880, en y comprenant les hommes des dépôts; mais les situations des armées d'Italie et d'Angleterre ne donnant que le chiffre des présents, on a préféré donner ici le total de ce dernier chiffre pour les 5 armées.

Toutes les lettres du général Moreau, les réponses du Premier Consul, et les mesures prises par lui, prouvent que ces armées manquaient de tout. La solde était arriérée, tous les services étaient désorganisés et les soldats à moitié vêtus.

N° 3.

Au moment où le général Masséna vint à cette armée, tout présageait pour elle d'inévitables désastres.

Pâles, languissants et défigurés, affamés et nus, découragés et abattus, les soldats ne semblaient plus être que des spectres. Les routes étaient couvertes de mourants et de cadavres.

L'armée, dans cet état pitoyable, se consumait avec une rapidité effrayante par les épidémies et la désertion.

Déjà les corps partaient sans chefs, sans ordre, et même des généraux sans congé ni permission.

En un mois de séjour dans la Ligurie, la 2e de ligne perdit 800 hommes sur 2,600; la 87e, en quatre mois, sans désertion ni combat, perdit 2,300 hommes sur 2,750.

(*Mémoires de Thiébault*, p. 14, 15, 16.—1801.)

N° 4.

INSTRUCTION DU MINISTRE DE LA GUERRE

AU GÉNÉRAL EN CHEF MOREAU.

Paris, 4 germinal an VIII (25 mars 1800).

Les consuls de la République ont arrêté, citoyen général, après avoir considéré la position de nos troupes en Suisse, sur le Rhin, en Italie, et la formation de l'armée de réserve à Dijon, le plan d'opération suivant :

1° Qu'il est nécessaire d'ouvrir la campagne, au plus tard, du 25 au 30 germinal (15 au 20 avril) ;

2° Que l'armée actuelle du Rhin sera partagée en corps d'armée et en corps de réserve. Ce corps de réserve, aux ordres du général Lecourbe, sera composé du quart de l'infanterie et de l'artillerie de l'armée, et du cinquième de la cavalerie ;

3° Du 20 au 30 germinal, vous passerez le Rhin avec votre corps d'armée, en profitant des avantages que nous offre l'occupation de la Suisse, pour tourner la forêt Noire et rendre nuls les préparatifs que l'ennemi pourrait avoir faits pour en disputer les gorges ;

4° Le corps de réserve sera spécialement chargé de garder la Suisse. Son avant-garde, de 5 à 6,000 hommes, occupera le *Saint-Gothard ;* elle aura six pièces de 4 sur des affûts-traîneaux. Vous ferez préparer de simples traîneaux pour pouvoir traîner le reste de l'artillerie de votre corps de réserve.

Vous ferez réunir à *Lucerne* cent mille boisseaux d'avoine, cinq cent mille rations de biscuit, un million de cartouches.

Le premier objet de votre corps de réserve sera, pendant votre mouvement, en Souabe, de protéger la Suisse contre les attaques que pourrait avoir faites l'ennemi pour l'envahir par *Feldkirch,* le *Gothard* et le *Simplon.*

Il est à la connaissance du Gouvernement que l'ennemi a fait des approvisionnements considérables sur les lacs d'Italie ;

5° Le but de votre mouvement en Allemagne avec votre corps d'armée doit être de pousser l'ennemi en *arrière*, de manière à lui intercepter la communication directe avec *Milan* par le lac de *Constance* et les *Grisons;*

6° Dès l'instant que ce but sera rempli et que l'on sera sûr qu'à tout événement la grande armée ennemie, même en supposant qu'elle vous obligeât à vous replyer, ne pourra reconquérir l'espace qu'elle aura perdu qu'en dix ou douze jours de temps, l'intention des consuls est de faire garder la Suisse par les dernières divisions de l'armée de réserve, composées de troupes moins aguerries que les corps qui composeront votre réserve, et de détacher votre réserve avec l'élite de l'armée de réserve de Dijon pour entrer en Italie par le Saint-Gothard et le Simplon, et opérer la jonction avec l'armée d'Italie dans les plaines de la Lombardie. Cette dernière opération sera confiée au général en chef de l'armée de réserve de Dijon, qui se concertera avec vous, et dont les consuls vont faire choix.

Signé : Berthier.

Pour copie conforme,

Carnot.

N° 5.

LETTRE

DU PREMIER CONSUL AU GÉNÉRAL BERTHIER.

Milan, 19 prairial (8 juin).

« J'ai reçu la nuit vos différentes lettres. — Le général Murat m'a envoyé à Milan le courrier intercepté à l'ennemi ; je m'occupe à le faire dépouiller : il renferme des détails bien intéressants. Une lettre de Mélas au conseil aulique en date du 5 juin, de Turin, me fait connaître que, dans la journée du 4, Masséna a capitulé ; son armée n'est point prisonnière de guerre, elle est en marche pour joindre le général Suchet : il paraît cependant que Masséna s'est embarqué sur une frégate pour se rendre plus promptement à Nice. Le général Melas avoue également dans ses lettres que le baron Elsnitz n'a pas pu faire sa retraite par le col de Tende, parce qu'un de ses généraux de brigade a été culbuté au col de Rauss, et par là, le chemin lui a été coupé; il a opéré sa retraite par Oneille. Le général Melas dit qu'il espère qu'il arrivera à Ormea le 18 prairial. M. Elsnitz n'a avec lui que 6,000 hommes de sa division et 3,400 de la division Mezin : total 9,400, sur lesquels il doit laisser 1,000 hommes à Savone et 300 à Ceva. Le général Hohenzollern restera à Gênes. Le général Ott, avec 9,000 hommes, reviendra par la Bochetta-Ovada sur Alexandrie. Ainsi il paraît que ce ne sera pas avant le 23 ou le 24 du mois que l'ennemi pourra réunir ses forces à Alexandrie, et qu'alors même il n'aurait que les forces suivantes : division Elsnitz, 7,000 hommes, Ott, 9,000, Hoddik, qui est en ce moment sur l'Osco, 6,000; total 22,000. »

Effectif des armées en présence à Marengo.

L'armée autrichienne, entrée en ligne le 14 juin, se divisait en trois corps.

Celui de gauche, commandé par le général Ott, fort de 7,602 hommes d'infanterie et 740 cavaliers. Celui du centre, commandé par le général Melas, fort de 14,204 hommes d'infanterie et de 6,034 cavaliers. Celui de droite, commandé par le général O'Reilly, et fort de 2,228 hommes d'infanterie et de 796 cavaliers, soit 24,034 hommes d'infanterie et 7,570 cavaliers; total 31,604.

L'armée française se composait ainsi qu'il suit :

Les corps d'armée de Victor et de Lannes, présents sur le champ de bataille dès le matin, comptaient 15,937 hommes, savoir : division Gardanne, 3,638 hommes ; division Chambarlac, 5,248; division Watrin, 5,083; brigade Kellermann, 970 hommes; brigade Champeaux, 938. Les réserves amenées par le Premier Consul vers une heure comptaient 4,774 hommes, savoir : division Mounier, 3,614 hommes; garde consulaire à pied, 800; garde consulaire à cheval, 360. Enfin, le corps de Desaix (auquel appartenait la division Mounier) se trouvait réduit à la division Boudet, forte de 5,316 hommes; l'artillerie comptait 700 hommes. Enfin, la brigade Rivaud, qui fut détachée vers la route de Sali, et qui ne prit pas part à la bataille, comptait 759 cavaliers. Total 27,486 hommes, dont 26,727 seulement présents sur le champ de bataille.

N° 6.

ARMÉE DE RÉSERVE.

Rapport fait par le général de brigade RIVAUD, *au lieutenant-général* VICTOR, *sur la bataille du 25 prairial, à Marengo, devant Alexandrie.*

Le 24, une brigade composée des 43e et 96e demi-brigades de ligne, formant environ 4,000 hommes, a appuyé l'avant-garde commandée par le général Gardanne et s'est successivement portée jusqu'à Marengo et Spinetto, où étant arrivée à 10 heures du soir, elle s'y établit militairement et y a passé la nuit.

Ce même jour, l'avant-garde de l'armée commandée par le général de division Gardanne, forte d'environ 5,000 hommes, a attaqué l'ennemi à 4 heures du soir, à Saint-Juliano, et l'a repoussé jusqu'à la Bormida. Ma brigade a soutenu cette attaque en suivant de près l'avant-garde et en faisant des manœuvres dans la plaine, qui ont reçu les éloges du lieutenant général Victor. L'ennemi a conservé le soir du 24, non-seulement une tête de pont sur la *Bormida*, mais a maintenu des avant-postes entre la Bormida et notre avant-garde, très-près de la Bormida.

Le 25, dès trois heures du matin, l'ennemi s'est mis sous les armes ; un tiers de son armée entre la Bormida et Alexandrie et les deux autres tiers derrière Alexandrie. Son armée était d'environ 28,000 hommes d'infanterie et 700 de cavalerie, avec une artillerie formidable : il a resté dans cette situation, attendant d'être attaqué, jusqu'à huit heures du matin : voyant alors que notre armée ne faisait aucun mouvement, Melas, commandant l'armée autrichienne, a pensé que Bonaparte avait jugé trop dangereux d'attaquer de front une position qui avait devant elle la Bormida, à son centre la place d'Alexandrie, et derrière, le Tanaro ; Melas a supposé que Bonaparte avait détaché une partie de son armée pour passer le Tanaro sur notre droite, afin de tourner sa position et la lui faire abandonner; il s'est en conséquence décidé à attaquer de suite la portion d'armée que Bonaparte laissait devant lui, espérant l'écraser par le nombre et battre ensuite la portion détachée.

A neuf heures du matin, Melas a formé son plan d'attaque et, pour lui donner plus d'impétuosité, il a placé à l'avant-garde un corps de 3,000 grenadiers ; il a fait déboucher ses colonnes par ses ponts sur la Bormida, et a commencé sur la division de Gardanne l'attaque la plus vive ; les Français ont reçu le combat avec beaucoup de valeur, et des feux d'artillerie, de pelotons, de bataillons, se sont fait entendre tout à coup à cinq cents pas au delà de Marengo. J'ai, d'après les ordres du lieutenant général Victor, mis ma brigade sous les armes, et j'ai établi ma ligne : la droite au village de Marengo, le centre en avant de Spinetta, la gauche proche d'un ruisseau nommé l'Orba; ma brigade était en plaine rase et, cependant, je n'avais pas une seule pièce d'artillerie pour répondre à celle très-nombreuse de l'ennemi qui déjà me tuait beaucoup ; je n'avais derrière ma gauche que quatre escadrons de cavalerie formant environ 400 hommes. Le général Victor sentit, ainsi que je l'avais fait, l'importance du village de Marengo, qui formait un angle saillant très-aigu dans la plaine, offrait à l'ennemi l'avantage de découvrir toute notre armée sans en être aperçu, et de diriger contre nous telle partie de ses forces qu'il aurait cru nécessaire pour nous accabler sur un point faible.

A peine l'attaque était commencée depuis une demi-heure

que déjà la petite division Gardanne était accablée par le nombre, et cédait, pied à pied, du terrain à l'ennemi; pour conserver l'importante position de Marengo, je plaçai sur le front du village le 1er bataillon de la 43e, et je donnai ordre au commandant de le défendre avec acharnement. A peine ce bataillon fut-il placé, que les troupes de Gardanne, repoussées, se jetèrent en désordre sur le village, et que ce bataillon eut à soutenir tout l'effort de l'ennemi. Mélas avait dirigé ses principales forces sur ce village qui formait le centre de sa ligne, et qui lui offrait trois belles routes pour déboucher dans la plaine. Un corps de 3,000 grenadiers formait son avant-garde, et à l'aide de 30 pièces d'artillerie, il culbutait tout ce qu'il rencontrait. Comme le 1er bataillon de la 43e aurait été accablé par le nombre, malgré sa valeureuse résistance, à midi, je le fis soutenir par le 2e de la même demi-brigade; l'ennemi, à son tour, augmenta ses forces et ses attaques sur le village qui continua à être tenu par nos troupes, mais dont les cartouches commençaient à manquer ; à une heure, je me portai moi-même au secours du village avec le 3e bataillon de la 43e et le 3e de la 96e. J'appuyai ma droite au village, et je prolongeai ma gauche en offensive sur l'ennemi : je fus aussitôt chargé par les 3,000 grenadiers qui formaient l'avant-garde et qui venaient de repousser en désordre nos troupes dans le village. J'arrêtai l'ennemi par des feux de pelotons très-nourris, et je le fis rétrograder, il revint aussitôt à la charge renforcé de troupes fraîches ; j'arrêtai encore cet effort et voulus avancer sur l'ennemi, mais un ravin m'arrêta à dix pas de là : alors, il s'engagea une fusillade extrêmement vive et à bout portant ; elle dura un grand quart d'heure, les hommes tombaient comme grêle de part et d'autre ; je perdis, dans cet instant, la moitié de ma ligne, ce ne fut plus qu'un champ de carnage; tout ce qui, dans ma brigade, était à cheval fut tué ou blessé : les chefs de bataillon, les capitaines furent atteints dangereusement; mes ordonnances furent tués, mon aide de camp eut la cuisse traversée d'une balle, je fus moi-même fortement blessé à la cuisse par un biscaïen ; la plaie était horrible, mais je sentais que si je cédais, l'ennemi s'emparait du village, débouchait dans la plaine avec sa cavalerie et son artillerie, et prenait toutes les troupes qui avaient déjà pris part au combat et qui étaient en désordre dans la plaine. L'ennemi, désespéré de n'avoir pu m'ébranler avec son infanterie, forma une charge de cavalerie, mais cette troupe vint s'arrêter devant le feu de mes bataillons ; n'ayant pu franchir le ravin, elle se culbuta en désordre sur elle-même, et perdit une soixantaine d'hommes. De nouvelles troupes étant venues renforcer l'ennemi, il tenta une quatrième charge, tant sur moi que sur une première ligne du général Lannes, qui arrivait au combat : les troupes de Lannes furent ébranlées et plièrent, mes deux bataillons plièrent également; je jugeai que tout était perdu si on ne se ralliait pas; malgré que déjà ma blessure me fît beaucoup souffrir, je me portai au centre de mes deux bataillons, j'arrêtai les tambours qui fuyaient, je les mis en avant, je les fis battre la charge, mes troupes s'arrêtèrent ; je les remis face en tête et sous le feu très-vif de l'ennemi, je les reportai en avant, je culbutai les grenadiers qui déjà passaient le ravin et je fis replier l'ennemi à son tour jusqu'à trois cents pas du village; alors, les troupes du général Lannes s'avançaient également sur le front du village, et le combat fut rétabli, il était alors deux heures après midi ; les deux autres bataillons de la 96ᵉ agissaient sur la gauche et étaient dirigés par le général Victor : ayant la cuisse très-enflée et ne pouvant plus tenir à cheval, je profitai de cette heureuse situation des choses pour me retirer du combat et me rendre à l'ambulance me faire panser.

Les trois bataillons de la 43ᵉ et le 3ᵉ de la 96ᵉ qui ont agi sous mes yeux se sont très-bien conduits dans cette affaire ; les 4 chefs de bataillon ont été blessés, 45 autres officiers et 700 sous-officiers et soldats tués ou blessés : lorsque j'aurai reçu les détails de ce qui s'est passé dans le reste de la journée, je donnerai un rapport plus circonstancié dans lequel je ferai connaître le nom des braves qui se sont particulièrement distingués et qui méritent de l'avancement; d'après les rapports ultérieurs reçus le lendemain, les six bataillons de ma brigade ont eu 82 officiers tués ou blessés, et 1,900 sous-officiers et soldats.

Le général de brigade.

Signé : RIVAUD.

N° 7.

ARMÉE DE RÉSERVE.

Le général VICTOR, *lieutenant du général en chef,
au général en chef* BERTHIER.

Au quartier général de Spinetta, le 27 prairial an VIII.

Mon général,

Le 24 du courant, la division commandée par le général Gardanne s'est portée de Saint-Juliano à Marengo pour attaquer les ennemis réunis dans ce village au nombre de 3,000 hommes d'infanterie, soutenus de quatre pièces de canon; elle s'est dirigée en deux colonnes sur la route de Saint-Juliano et de Spinetta : l'attaque a été formée aux débouchés de ces deux routes; les ennemis étaient en ordre de bataille; elle a été engagée par une canonnade suivie d'une fusillade assez vive; nos bataillons, marchant au pas de charge, ont rompu les ennemis et les ont forcés à se retirer en désordre jusque sur le pont de la Bormida, laissant en notre pouvoir deux pièces de canon, leurs caissons et environ 100 prisonniers; quelques tirailleurs ont été portés sur la rive droite de la Bormida, mais le feu de 30 pièces de canon les ont forcés à se retirer.

La division Gardanne s'est aussitôt établie sur une ligne parallèle au courant de la Bormida, la droite appuyant au ruisseau de Marengo, la gauche à celui de Saint-Carlo.

La division Chambarlhac est venue se placer en seconde ligne sur le même front.

Le 25, à neuf heures du matin, l'armée autrichienne, réunie sous les murs d'Alexandrie, s'est dirigée en trois colonnes: celle de droite remontant la Bormida sur Frugarollo, celle du centre par la grande route de Tortone sur Marengo, et celle de gauche sur Castelceriolo pour nous attaquer. Les deux premières colonnes ont attaqué le général Gardanne par un feu d'artillerie auquel le nôtre a répondu avec avantage; la fusillade la plus terrible s'est ensuite engagée : elle a été soutenue, de part et d'autre, avec un acharnement incroyable pendant près de deux heures, après lesquelles la division Gardanne, pressée par un ennemi bien supérieur, a cédé ce premier champ de bataille en ordre d'échelons, pour prendre une ligne oblique se liant par la droite au village de Marengo, et par la gauche à la Bormida, pour battre de revers les deux communications qui le traversent; là, un combat plus meurtrier encore que le premier s'est engagé ; l'intervalle qui nous séparait des ennemis n'était que de quelques toises, toutes les armes étaient en action, des charges d'infanterie et de cavalerie, soutenues d'un feu des plus violents, se sont multipliées pendant près de deux heures; les ennemis avaient déjà du terrain lorsqu'une partie de leur réserve vient à leur secours; leur colonne de droite s'avançait sur Castelceriolo, le général Lannes la reçut avec la vigueur qui lui est familière; je fis alors remplacer les bataillons de nos troupes qui avaient le plus souffert par ceux de la division Chambarlhac, le combat fut aussitôt rétabli et devint en un instant plus opiniâtre et plus sanglant; les ennemis sont repoussés une seconde fois, on les poursuit la baïonnette aux reins ; ils reçoivent de nouveaux secours en infanterie et en cavalerie ; nos troupes, après une forte résistance, se retirent quelques pas, soutiennent les efforts de l'ennemi jusqu'à ce qu'un tiers au moins de nos forces aient été mises hors de combat, et que le reste ait manqué de munitions de guerre : ce moment critique commandait des dispositions rétrogrades pour éviter la confusion inévitable dans les dangers de ce genre. Je les ordonnai, et elles ont été exécutées avec calme et dans le plus grand ordre sous le feu de l'ennemi auquel nos troupes répondaient avec beaucoup de valeur; la retraite fut ainsi effectuée par bataillon formé en colonne d'attaque jusqu'à la plaine de *Saint-Juliano*, où le général Desaix arrivait avec le corps à ses ordres; celui-ci a aussitôt repris l'offensive, nos troupes encouragées par cet exemple et celui de la droite commandée par le général Lannes se sont reportées en avant au pas de charge, ont mis l'ennemi en fuite et lui ont pris du canon et des prisonniers. La victoire s'est enfin décidée pour nous, et les divisions Gardanne et Chambarlhac ont pris position sur le champ de bataille. Depuis bien longtemps, il ne s'est vu d'affaire aussi sanglante; les ennemis, ivres d'eau-de-vie et désespérés de leur position, se battaient en lions; nos soldats, connaissant la nécessité d'une défense vigoureuse, ont fait des prodiges de valeur; toutes les troupes se sont couvertes de gloire. Les généraux Gardanne et Rivaud, les chefs de brigade Ferrey, de la 24e légère; Bisson, de la 43e, et le Preux, de la 96e de ligne; les aides de camp Fabre, Quiot, Boudignon et Thomières, se sont particulièrement distingués.

Les officiers, en général, ont donné l'exemple du courage et de l'ordre.

L'ennemi a perdu dans cette journée un tiers au moins de ses forces; les campagnes sont couvertes de ses morts, la quantité de ses blessés est énorme; notre perte est aussi très-sensible; sur les rapports qui m'ont été faits, on compte plus de 3,000 hommes hors de combat; parmi les blessés sont le général Rivaud et son aide de camp ; l'aide de camp Boudignon, trois chefs de bataillons, environ 60 officiers particuliers, beaucoup d'autres de ces derniers ont été tués. Le général Kellermann, commandant la cavalerie attachée à la gauche de l'armée, a déployé dans cette bataille autant d'intrépidité que de connaissances militaires; plusieurs charges faites à propos ont puissamment secondé mes opérations et ont fait un grand mal à l'ennemi. Il est une infinité de traits distingués que je recueillerai pour vous en adresser le tableau, je regrette de ne pouvoir le faire connaître de suite au public, il y verrait des hommes qui honorent leur patrie.

Salut et respect,

Signé : Victor.

N° 8.

ARMEE DE RÉSERVE.

Le lieutenant général LANNES, *commandant l'avant-garde, au général en chef* Alexandre BERTHIER.

Au quartier général de Spinetto, le 26 prairial an VIII.

Citoyen général,

L'ennemi a attaqué hier matin, vers les huit heures, les troupes du lieutenant général Victor, et après une fusillade d'environ deux heures, il a débouché en grand nombre sur sa droite. J'envoyai de suite les 22ᵉ et 40ᵉ demi-brigades de bataille pour le prendre en flanc; ce mouvement réussit parfaitement bien, et tout ce qui se trouva devant ces deux dernières brigades fut culbuté et repoussé jusqu'à la Bormida.

Les canons établis à la tête du pont qu'occupait l'ennemi forcèrent nos troupes à se retirer hors de portée : deux colonnes d'infanterie et de cavalerie vinrent encore à la charge; elles furent reçues comme la première fois, c'est-à-dire, culbutées avec impétuosité.

Après une canonnade et une fusillade de 5 heures, l'ennemi enfonça le centre et força les troupes du lieutenant général Victor à battre en retraite : dans ce moment-là, je me trouvais presque enveloppé par les troupes ennemies qui enfonçaient le centre, et voyant que la gauche avait plié out à fait, j'ordonnai la retraite.

Vous avez été témoin, citoyen général, de la manière avec laquelle elle s'est opérée, il n'y a pas eu un seul moment de désordre : je me suis retiré par échelons sous un feu d'artillerie des plus vifs, et chargé par une cavalerie formidable à plusieurs reprises : je n'avais pas un seul canon, ni un homme à cheval pour soutenir ma retraite, et malgré cela, elle s'est terminée avec le plus grand ordre.

Vous avez ordonné que les troupes que je commande attaquassent de nouveau l'ennemi, en contenant la droite du général Desaix : je n'ai jamais vu des troupes attaquer avec plus de courage et de sang-froid, tout ce qui s'est trouvé devant elles a été repoussé et culbuté une seconde fois jusqu'au delà de la Bormida. Nous avons fait beaucoup de prisonniers, pris trois pièces de canon et deux caissons, et sa perte en tués et blessés est incalculable. De notre côté, nous avons eu environ 1,800 hommes blessés ou pris par l'ennemi, mais le nombre des prisonniers est très-petit : 14 officiers ont été tués et 83 blessés ; environ 300 sous-officiers ou soldats ont été également tués dans cette journée ; parmi les officiers supérieurs blessés se trouvent les généraux Malher, Mainoni et le citoyen Valhubert, chef de brigade de la 28e.

Citoyen général, la bravoure des troupes à mon ordre s'est tellement soutenue pendant la bataille, qu'il m'est impossible de désigner aucun corps en particulier, tous ayant combattu avec un courage invincible ; néanmoins, je dois vous dire que la 28e a montré un sang-froid des plus rares dans tous les divers mouvements en présence de la cavalerie ennemie, et cela est dû au brave chef qui la commande, et au citoyen Taupin, chef de brigade de ce corps. Le général de brigade Gency et le citoyen Macon, chef de la 6e demi-brigade légère se sont également parfaitement bien conduits; le capitaine Watrin, adjoint aux adjudants généraux, a été tué au moment de la retraite.

Je vous ai demandé, général, le grade de général de brigade pour l'adjudant général Noguès, officier distingué et qui s'est fait remarquer de toute l'armée ; mes aides de camp m'ont bien servi, je vous demande le grade de lieutenant pour le citoyen Mombrun et celui de sous-lieutenant pour le citoyen Dubois.

L'artillerie des consuls, commandée par le citoyen Marin, lieutenant, a fait beaucoup de mal à l'ennemi ; elle a arrêté une colonne pendant près de deux heures. Je vous demande pour ce brave officier le grade de capitaine. Un hussard du 12ᵉ régiment d'ordonnance près le général de division Watrin a enlevé un drapeau de vive force à l'ennemi.

Je vous salue respectueusement,

Signé : Lannes.

N° 9.

ARMÉE DE RÉSERVE.

Le général de brigade KELLERMANN, *au lieutenant général* VICTOR.

Au quartier général de Castilnanova, le 26 prairial an VIII.

Mon général,

J'ai l'honneur de vous adresser, ci-joint, le rapport des actions éclatantes qui ont distingué la brigade des 6e, 2e et 20e régiments de cavalerie pendant la bataille d'Alexandrie.

La brigade arriva à neuf heures du matin à Marengo, et fut immédiatement placée à la gauche en avant du village, près du 8e de dragons. Vers midi, l'ennemi fit déboucher par la droite, vis-à-vis de la brigade, une forte colonne de cavalerie ; nous la laissâmes avancer, je donnai ordre au 8e dragons de la charger, je le soutenais marchant en bataille ; le 8e culbuta la cavalerie ennemie, mais la charge ayant mis du désordre, il fut chargé à son tour ; je lui donnai ordre de me démasquer et de se rallier derrière la brigade, qui s'avança avec sang-froid sur la ligne ennemie, la chargea à cinquante pas, la mit en déroute et la culbuta dans les fossés jusque sur son infanterie. L'ennemi perdit, dans ces deux charges, plus de cent chevaux. Son infanterie allait se débander pour peu que la nôtre eût donné, mais on s'observa un quart d'heure ; pendant ce temps, le feu de l'artillerie et de l'infanterie ennemie nous abîmait et nous obligea à reprendre notre ancienne position ; la brigade resta deux heures en panne sous le feu du canon, il y eut un intervalle d'une heure pendant laquelle le feu cessa ; à deux heures, la brigade restant seule sans infanterie et sans les dragons, on vit déboucher une colonne de 2 à 3000 chevaux, précédée d'une nombreuse artillerie, il fallut se retirer; l'infanterie, n'ayant plus de cartouches, se porta sur Marengo, la brigade se mit en bataille sur la droite à la gauche du chemin, toujours sous le feu d'artillerie le plus meurtrier, couvrant la retraite de l'infanterie, lui donnant le temps de se rallier, se retirant en pelotons au pas faisant de distance ses demi-tours à droite sans permettre que l'ennemi fit un seul prisonnier sur ce point, et déployant dans cette circonstance ce courage froid qui voit le danger, la mort, l'attend avec constance.

Arrivée à hauteur de la division Desaix, la brigade des 6e, 2e et 20e de cavalerie, réduite alors à 150 chevaux, fut réunie à un peloton du 1er et à deux escadrons du 8e de dragons. Je les formai sur une ligne suivant la division Desaix, à deux cents toises à droite de la route, j'aperçus l'infanterie qui marchait sur la gauche de la route de Marengo, à hauteur du Casinagrossa, commençait à fléchir, et que les grenadiers ennemis la chargeaient à la course, je pensai qu'il n'y avait pas un moment à perdre et qu'un mouvement prompt pouvait ramener la victoire sous nos drapeaux. J'arrêtai la ligne, je commandai : Peloton à gauche et En avant, les 2e et 20e de cavalerie se trouvent alors avoir la tête de la colonne qui se précipita avec impétuosité sur le flanc des grenadiers autrichiens au moment où ils venaient de faire leurs décharges, le mouvement fut décisif, la colonne anéantie en un instant. Trois bataillons de grenadiers et le régiment entier de Wallis, tout est sabré ou pris, le citoyen Riche, cavalier au 2e régiment, fait prisonnier le général chef de l'état-major ; six drapeaux, quatre pièces de canon sont enlevés ; cependant, je ralliai un parti de 200 chevaux avec lesquels je me portai en avant pour en imposer à leur formidable cavalerie qui pouvait nous enlever notre avantage ; elle fut contenue ; elle commença même à se retirer, je la suivis pas à pas jusque vers la nuit, où nous étant réunis à la cavalerie de la garde consulaire, nous fîmes une nouvelle charge sur la seule cavalerie ennemie dans laquelle elle fut taillée en pièces et ne dut son salut qu'à la nuit.

Les citoyens Alix, chef d'escadron du 2e, et Girard, du 20e, ainsi que tous leurs officiers, sous-officiers et cavaliers se sont parfaitement bien conduits. J'ignore les noms des chefs d'escadrons qui commandaient les 8e et les 1er des dragons qui ont coopéré avec toute la valeur possible au succès de cette charge. Sur 11 officiers, la 2e de cavalerie en a 7 hors de combat, la 20e, 6. Le chef d'escadron Alix et le cavalier Lebœuf, au 2e, ont enlevé chacun un drapeau; le 20e a pris quatre pièces de canon; le cavalier Godin a enlevé un drapeau ; le capitaine Letard, du 20e, a chargé avec beaucoup de courage. Je vous prie de solliciter pour eux du général en chef les récompenses honorifiques que le premier consul a destinées à la valeur.

Les capitaines Montfleury, Girardot et Terré, les lieutenants Gavoris, Vergé, Poiret et Delord, tous du 2e, ont eu leurs chevaux tués sous eux.

Les capitaines Tétard, du 20e, les lieutenants Piquet, Courtois et Moreau ont eu leurs chevaux tués, et le capitaine Fréli et le lieutenant Fraunoux ont été blessés.

Je vous demande, pour le citoyen Lamberti, officier plein d'intelligence, de bravoure et d'exactitude, la première place de capitaine qui viendra à vaquer dans le 2e de cavalerie, où il sert actuellement avec le brevet de capitaine surnuméraire audit corps ; je vous demande le grade de lieutenant pour le citoyen Petitot, sous-lieutenant, et celui de sous-lieutenant pour le citoyen Golaud, adjudant.

Je vous prie aussi de vous intéresser à faire indemniser les officiers dont les chevaux ont été tués dans l'affaire.

Je vous en adresserai un état nominatif.

Je vous demande le grade de sous-lieutenant pour le citoyen Vollain, maréchal des logis chef de la 1re compagnie du 20e régiment de cavalerie, qui s'est particulièrement distingué et qui a toutes les qualités requises pour faire un bon officier.

Salut et respect,

Signé : **Kellermann.**

J'approuve cette demande,

Le secrétaire du général en chef,

Victor.

N° 10.

ARMÉE DE RÉSERVE.

Rapport du général de division MONNIER, *au général en chef.*

Au quartier général de Castel-Ceriolo, le 26 prairial an VIII.

La division arriva hier sur le champ de bataille, à deux heures après midi ; elle fut dirigée sur notre droite, où l'ennemi s'avançait en force. La 19e, conduite par le général Cara-St-Cyr, se porta à droite, s'avança en colonne serrée sur le village de *Castel-Ceriolo*, elle l'enlevait de vive force, tandis que la 70e, commandée par le général Schilt, qui suivait à hauteur son mouvement sur sa gauche, menaçait de prendre à revers le centre de l'ennemi ; les colonnes, nombreuses en infanterie et cavalerie, ne purent résister à notre choc impétueux ; elles se replièrent dans le plus grand désordre dans les marais en avant de la *Bormida*, en nous abandonnant deux pièces d'artillerie et trois caissons; notre attaque dégagea la droite; mais l'ennemi, qui s'était renforcé sur son centre, ayant obligé les troupes qui soutenaient notre gauche à se replier, nos deux colonnes se trouvèrent enveloppées dans le village et dans la plaine; elles se défendirent avec vigueur; l'ennemi ne put jamais les entamer; après une heure de résistance, n'ayant pas été secourues, elles se dégagèrent et firent leur retraite dans le plus grand ordre sur Saint-Juliano, où l'armée se ralliait : elles prirent leur rang de bataille à gauche de la division Chambarlhac ; l'attaque ayant recommencé, elles attaquèrent réunies à la garde des consuls, conduite par l'adjudant général Léopold Stanbenraht, et à la 40ᵉ, les colonnes nombreuses qui longeaient sur notre droite et manœuvraient pour nous envelopper ; elles les chargèrent avec vigueur, les culbutèrent et les obligèrent à la retraite la plus précipitée. La 24ᵉ légère soutenait l'attaque. A huit heures, nous rentrâmes de vive force à *Castel-Ceriolo*. L'ennemi se retira par la route d'*Alexandrie*.

Deux bataillons de la 72ᵉ, qui étaient restés en réserve, combattirent à gauche avec les troupes de la division du général Boudet. Le 3ᵉ essuya au centre trois charges de cavalerie sans être ébranlé.

La conduite des 19ᵉ, 70ᵉ et 72ᵉ, est digne des plus grands éloges; elles prouvèrent hier que les braves ne savent que vaincre, mais qu'ils ne comptent jamais le nombre des ennemis qu'ils ont à combattre.

La perte de l'ennemi est incalculable, le champ de bataille était couvert de morts, de blessés, d'armes et de chevaux. Nous lui enlevâmes deux pièces de canon et quatre caissons; sa cavalerie souffrit considérablement. Les généraux de brigade Cara-Saint-Cyr et Schilt dirigèrent leurs troupes avec autant de talent que de sang-froid.

J'ai vu les adjudants généraux Girard et Delage et l'aide de camp chef d'escadron Demots se montrer avec distinction à la tête des colonnes.

J'ai perdu deux pièces d'artillerie ; il manque aux appels d'aujourd'hui de 8 à 900 hommes sur les trois demi-brigades, mais il rentre toujours quelques hommes.

Signé : Monnier.

N° 11.

ARMÉE DE RÉSERVE.

Le général MURAT *au général en chef* BERTHIER.

Au quartier général de Garofolo, le 27 prairial an VIII.

J'ai l'honneur de vous faire parvenir, mon général, les différents rapports que je reçois des généraux de brigade commandant les brigades de la cavalerie à la bataille de Marengo, j'essaierais en vain, si vous n'en aviez été témoin, de vous peindre la bravoure et l'intrépidité de toute la cavalerie; il n'y a pas eu d'escadron qui n'ait eu à soutenir dans la journée plusieurs charges de cavalerie; toutes ont été reçues et données avec le plus grand succès.

Le général Kellermann, placé à la gauche, y a soutenu la retraite de la division Victor avec le plus grand courage; le général Champeaux, à la droite, se comportait avec la même intrépidité; au centre le général Duvignan de sa personne n'imitant point ses camarades et sous prétexte de maladie, avait abandonné sa brigade, qui s'est du reste parfaitement bien battue.

Je dois surtout vous parler du général Kellermann qui, *par une charge faite à propos, a su fixer la victoire encore flottante et vous faire 5 ou 6,000 prisonniers;* du chef de brigade Bessières qui, en chargeant à la tête de ses grenadiers, a montré autant de bravoure que de sang-froid; de l'adjudant général César Berthier, qui a été partout également brave, intelligent et actif, il n'a cessé de rendre les plus grands services dans cette journée et dans toute la campagne. La cavalerie a beaucoup souffert ; je dois des éloges à tout le monde. La cavalerie a pris plusieurs drapeaux et plusieurs canons. J'ai eu dans cette journée environ 800 hommes et chevaux hors de combat.

Le général Kellermann s'est particulièrement distingué ; le général Champeaux y a été blessé avec une infinité d'officiers supérieurs et autres dont vous trouverez l'état ci-joint.

Je vous prie de m'accorder pour le chef de brigade Bessières, commandant la garde des Consuls, le grade de *général de brigade ;* je vous demande aussi pour l'adjudant général Berthier, pour le chef de brigade du 8e régiment de dragons, qui, depuis la guerre d'Italie, n'a cessé de se distinguer avec le corps qu'il commande ; je demande aussi le grade d'adjudant général pour mon aide de camp Colbert, le grade de chef de brigade pour mon aide de camp Beaumont qui, en m'accompagnant partout, a contribué par son courage, son activité et son intelligence au succès de la cavalerie dans la journée et qui, depuis le commencement de la campagne, a eu deux chevaux blessés sous lui.

Mon aide de camp Divier a été blessé également par un biscaïen et mérite des éloges particuliers.

Les citoyens Bigame, lieutenant au 1er régiment de dragons, Blon, capitaine au 2e régiment de chasseurs, Decony, sous-lieutenant *idem*, Renaud, sous-lieutenant au 11e régiment de hussards, officier de correspondance près de moi, se sont comportés avec le plus grand courage. Didetis, officier piémontais, s'est bien battu.

   Salut et respect.   *Signé :* Murat.

P. S. Les grenadiers à pied du Consul, que vous m'avez envoyés, ont soutenu à la droite plusieurs charges de cavalerie l'arme au bras *et ont arrêté pendant longtemps le succès de l'ennemi.* Le corps a perdu 121 hommes tués ou blessés. Je lui dois des éloges particuliers, et si j'ai pris quelques soins à l'organiser, je suis bien récompensé de le voir répondre d'une manière si brillante à mon attente. L'adjudant général Berthier fera passer à votre chef d'état-major général l'état des pertes des différents corps de cavalerie de l'armée.

Signé : Murat.

N.º 12.

Extrait de la lettre adressée de Paris, le 22 messidor an VIII, à mademoiselle DESAIX, *par* SAVARY, *devenu aide-de-camp du Premier Consul.*

Presque aussitôt que le général Desaix eut expiré, il fut dépouillé, selon le barbare usage de la guerre; il ne lui est resté que sa chemise, lorsqu'il fut emporté, mais elle était tellement pleine de sang que la putréfaction ne m'a pas permis de la conserver. Je voulus faire brûler son cœur, mais il était tellement déchiré par la balle meurtrière, qu'il était corrompu au bout de douze heures. Je n'ai pu que faire couper sa chevelure, et conserver mon mouchoir tout teint de sang avec lequel on a essayé d'étancher sa blessure.

N° 13.

Examen de l'Histoire de Napoléon *de Walter-Scott, par* M. DE CAYROL, *sous-intendant militaire en retraite, ancien député.*

Dès la première charge de sa division, Desaix tomba, non pas *frappé à la tête d'un coup mortel,* comme le dit Walter Scott, mais d'une balle dans la poitrine, qui traversa le cœur en entier et sortit par le dos. *C'est alors que la division Desaix plia* et que les colonnes autrichiennes passèrent *sur le corps du général* qui, n'ayant point d'uniforme, suivant son habitude, ne fut retrouvé que longtemps après la fin de la bataille.

Les soldats de Desaix ne continuèrent donc pas l'attaque avec fureur, comme le dit encore Walter Scott, puisqu'ils plièrent, mais une brigade de cavalerie, forte d'environ 700 hommes, que commandait le général Kellermann fils, et qui avait reçu l'ordre de suivre les mouvements de Desaix, en avançant ou reculant avec lui, resta stationnaire au moment où la mort du général porta la terreur dans sa colonne, et comme Kellermann vit que l'infanterie autrichienne la poursuivait en désordre, il fondit au milieu des ennemis et rendit, par cette charge brillante, le courage à la division Desaix, qui, retournant enfin sur ses pas, décida le succès de la bataille ; et c'est alors que Bonaparte, reprenant ses esprits et retrouvant tout son génie, sut user largement des immenses avantages que lui assurait cette journée, où l'armée autrichienne, bien supérieure en nombre à celle du Premier Consul, céda la victoire à environ 25,000 Français qui seuls avaient pris part à cette mémorable journée.

Le général Kellermann fils est donc le véritable vainqueur de Marengo, car, s'il avait suivi l'ordre du général en chef, la bataille était perdue, et des 30,000 Français descendus du Saint-Bernard avec le Premier Consul, il n'en serait peut-être pas revenu un seul. Cette opinion est d'autant plus probable qu'aujourd'hui nous savons malheureusement, par expérience, que Bonaparte n'avait plus le même génie quand la fortune l'obligeait à reculer.

La possession de l'Italie fut donc le résultat d'une charge de cavalerie, mais Bonaparte se garda bien d'en convenir, et, *pour ne pas offenser son amour-propre, tous les mémoires du temps se turent sur l'action du général Kellermann*. L'ouvrage de Joseph Petit, intitulé : *Campagne de Marengo*, en dit à peine un mot :

Et voilà justement comme on écrit l'histoire !

L'erreur commise par Walter Scott, au sujet de la blessure de Desaix, est d'autant plus extraordinaire que son corps, embaumé, fut déposé à l'hospice du grand Saint-Bernard, où mille voyageurs anglais ont pu le voir, puisque son cercueil, qui était couvert d'une glace à l'endroit de sa poitrine, présentait le trou de la balle ; et, à cet égard, mon assertion doit avoir quelque poids, car c'est à moi, comme agent principal des hôpitaux, chargé de la direction de ceux de Milan, que le corps de Desaix fut adressé le surlendemain de la bataille, et je fus obligé de recourir, pour le faire embaumer, aux deux seuls chirurgiens français qui se trouvaient à Milan, où le service des hôpitaux que j'y établissais en toute hâte se faisait par les officiers de santé autrichiens pris à l'affaire de Montebello, qui avaient été évacués sur Milan, et par ceux restés dans la place, car il existait déjà, à l'époque de notre entrée dans cette ville, plusieurs hôpitaux militaires, dont le mouvement était d'environ 3,000 malades, parmi lesquels il y avait un grand nombre de convalescents, disposés au moindre revers à seconder la garnison du château qui tenait toujours, et dont la force était de 4,000 hommes : c'est à peine cependant si nous en avions 500 de disponibles pour garder la ville du côté du château, et en imposer au peuple dont une partie ne se retrouvait qu'avec peine sous la domination française.

Ayant consulté les deux chirurgiens chargés de l'embaumement de Desaix, sur la nature de sa blessure, ils me confirmèrent ce que l'inspection du cadavre m'avait déjà révélé, que le général, en tombant, n'avait pu dire un seul mot.

N° 14.

CONVENTION

ENTRE LES GÉNÉRAUX EN CHEF DES ARMÉES FRANÇAISE ET IMPÉRIALE

EN ITALIE.

ARTICLE Ier.

Il y aura armistice et suspension d'hostilités entre l'armée de S. M. I. et celle de la République française en Italie, jusqu'à la réponse de la Cour de Vienne.

ARTICLE II.

L'armée de S. M. I. occupera tous les pays compris entre le Mincio, la Fossa-Maestra et le Pô ; c'est-à-dire Peschiera, Mantoue, Borgo-Forte, et, depuis là, la rive gauche du Pô ; et, à la rive droite, la ville et citadelle de Ferrare.

ARTICLE III.

L'armée de S. M. I. occupera également la Toscane et Ancône.

ARTICLE IV.

L'armée française occupera les pays compris entre la Chiesa, l'Oglio et le Pô.

ARTICLE V.

Le pays entre la Chiesa et le Mincio ne sera occupé par

aucune des deux armées. L'armée de S. M. I. pourra tirer des vivres des pays qui faisaient partie du duché de Mantoue. L'armée française tirera des vivres des pays qui faisaient partie de la province de Brescia.

ARTICLE VI.

Les châteaux de Tortone, d'Alexandrie, de Milan, de Turin, de Pizzighettone, d'Arona, de Plaisance, seront remis à l'armée française, du 27 prairial au 1ᵉʳ messidor (du 16 juin au 20 du même mois).

ARTICLE VII.

La place de Coni, les châteaux de Ceva, Savone, la ville de Gênes, seront remis à l'armée française du 16 au 24 juin (du 27 prairial au 5 messidor).

ART. VIII.

Le fort Urbin sera remis le 26 juin (7 messidor).

ARTICLE IX.

L'artillerie des places sera classée de la manière suivante : 1° Toute l'artillerie des calibres et fonderies autrichiennes appartiendra à l'armée autrichienne ; 2° celle des calibres et fonderies italiennes, piémontaises et françaises, à l'armée française ; 3° les approvisionnements de bouche seront partagés : moitié sera à la disposition du commissaire ordonnateur de l'armée française, et moitié à celle du commissaire ordonnateur de l'armée autrichienne.

ARTICLE X.

Les garnisons sortiront avec les honneurs militaires, et se rendront, avec armes et bagages, par le plus court chemin, à Mantoue.

ARTICLE XI.

L'armée autrichienne se rendra à Mantoue, par Plaisance,

en trois colonnes : la première, du 27 prairial au 1ᵉʳ messidor (du 16 au 20 juin); la seconde, du 1ᵉʳ au 5 messidor (du 20 au 24 juin) ; la troisième, du 5 au 7 messidor (du 24 au 26 juin).

ARTICLE XII.

MM. le général de Saint-Julien, de Schverlinck, de l'artillerie; de Brun, du génie; Telsiegé, commissaire des vivres; et les citoyens Dejean, conseiller d'État, et Daru, inspecteur des revues; l'adjudant général Léopold Stabenrath, et le chef de brigade d'artillerie Mossel, sont nommés commissaires à l'effet de pourvoir à l'exécution des articles de la présente convention, soit à la formation des inventaires, aux subsistances et aux transports, soit pour tout autre objet.

ARTICLE XIII.

Aucun individu ne pourra être maltraité pour raison de services rendus à l'armée autrichienne, ou pour opinions politiques : le général en chef de l'armée-autrichienne fera relâcher les individus qui auraient été arrêtés dans la République cisalpine pour opinions politiques, et qui se trouveraient dans les forteresses sous son commandement.

ARTICLE XIV.

Quelle que soit la réponse de Vienne, aucune des deux armées ne pourra attaquer l'autre qu'en se prévenant dix jours d'avance.

ARTICLE XV.

Pendant la suspension d'armes, aucune armée ne fera des détachements pour l'Allemagne.

Alexandrie, le 26 prairial an VIII de la République française (15 juin 1800).

Signé : Alexandre BERTHIER.

Signé : MÉLAS,
Général de cavalerie.

N° 15.

EXTRAIT

DE L'HISTOIRE DES GUERRES EUROPÉENNES.

Il existait deux ponts sur la Bormida pour les colonnes principales; mais ces ponts étaient couverts par une même tête de pont, qui n'avait qu'une seule issue, ce qui devait retarder nécessairement le déploiement des forces.

Nous ne trouvons nulle part imprimé à quelle heure commença le combat; on est fondé à croire que ce fut sur les neuf heures.

Mélas envoya à Cantolupo, pour reconnaître l'ennemi (Suchet qui s'avançait vers Acqui), 2,340 hommes de cavalerie, arme sur laquelle on fondait principalement des espérances de victoire.....

Bonaparte fit marcher la division Monnier avec la garde consulaire de Torre di Garafolo, son quartier général; il envoya aussi l'ordre à Desaix de conduire sans retard, sur le champ de bataille, sa division, qui se trouvait près de Rivalta.....

L'infanterie de la garde eut ordre de passer entre les Poggi et Villanova; le général Monnier fut envoyé dans la direction de Castelceriolo. Celui-ci fit avancer 2,400 hommes contre ce village qu'abandonna, après une résistance peu considérable, une faible division qu'on y avait laissée. Cependant, à peine Ott s'en fut-il aperçu, qu'il envoya cinq bataillons de sa deuxième ligne, qui reprirent aussitôt le village.....

Ott marcha par Villanova vers la Ghilnia, n'ayant point d'ennemi devant lui.....

Il était cinq heures de l'après-midi, lorsque le corps d'armée du général Desaix arriva et arrêta la retraite des républicains.

Kellermann prit position près de l'aile droite de ce corps ; Lannes, encore plus à droite ; puis Champeaux et la division Monnier. Les troupes de Victor, les plus ébranlées, qui étaient encore en état de combattre, furent réunies au sud de San-Giuliano, et les autres derrière ce village.

La perte de l'armée autrichienne a été de 6 généraux, 216 officiers, 6,229 soldats morts ou blessés ; — 1 général, 74 officiers, 2,846 soldats prisonniers ; — 13 pièces de canon, tombées au pouvoir de l'ennemi.

FIN.

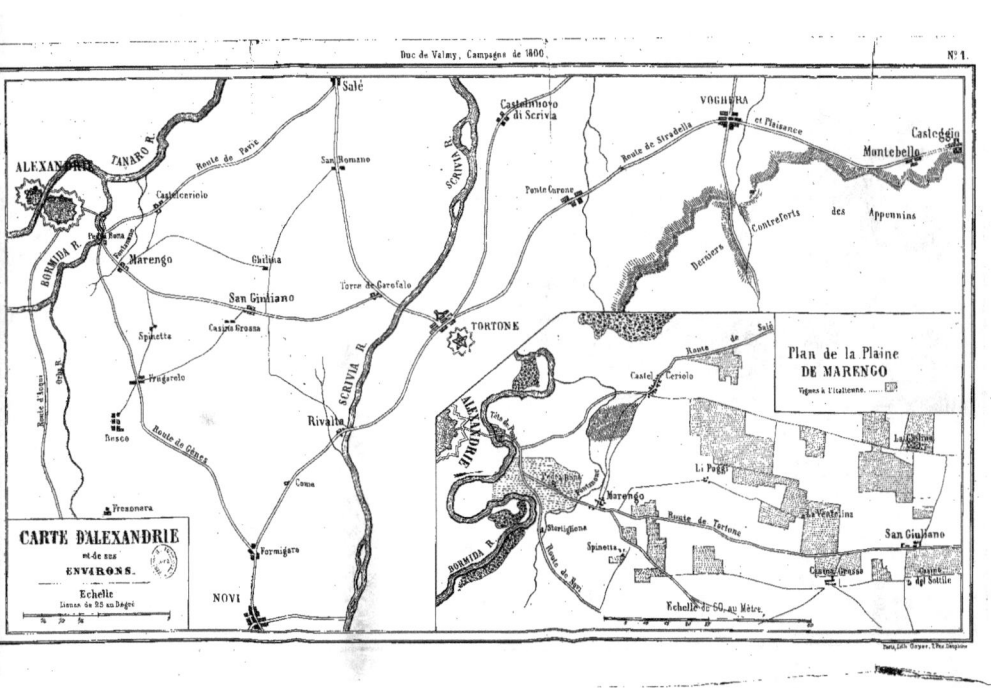

Duc de Valmy Campagne de 1800.   Nº 2

CARTE GÉNÉRALE
de la Campagne
DE L'ARMÉE DU RHIN.
Echelle de 8 Myriamètres

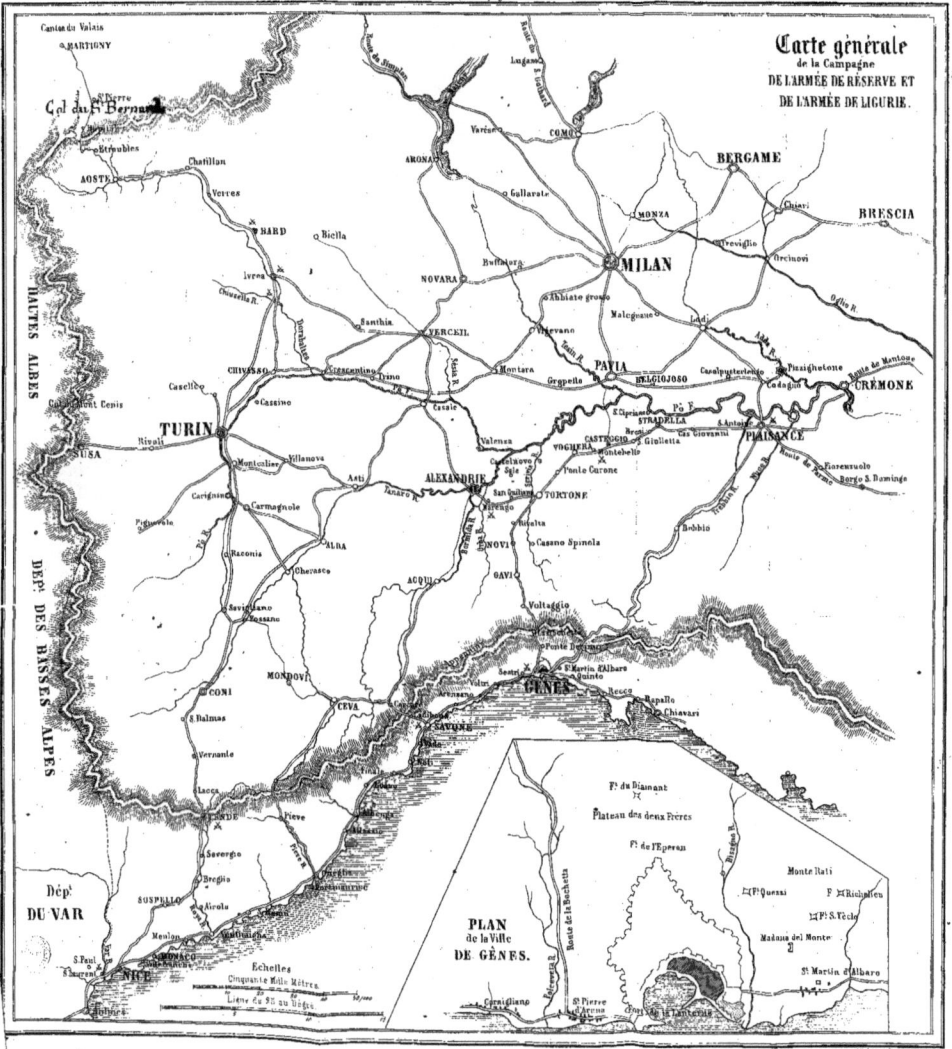

Carte générale de la Campagne DE L'ARMÉE DE RÉSERVE ET DE L'ARMÉE DE LIGURIE.

www.ingramcontent.com/pod-product-compliance
Lightning Source LLC
Chambersburg PA
CBHW071414150426
43191CB00008B/910